Ian Watson – Spielfelder

Ian Watson

Spielfelder

Eine Fußballmigration

Edition Falkenberg

Inhalt

Vorwort mit Vor-Wörtern ... 9
Keine Scherben, sondern ein Mosaik | Ein Aufwärmprogramm ... 11
Heimaten ... 16
Altes Spielfeld, erste Heimat ... 17
Die Fähre und das große Glück ... 21
Das gekotze Ross: Oder, wie kommt so einer nach Deutschland? .. 23
Von Rugby nach Sparwasser ... 32
One team in Ireland | Die Anfänge ... 39
Bremen am Lagan ... 41
Die Lieder, die man singt | Danny Boy ... 46
Eine schlechte Nachricht ... 48
Homesick ... 48
Gleicher Ball, andere Regeln ... 49
Grannys Dolmetscher ... 53
Nicht Halbe-Halbe | Parallel Lives ... 55
Einwurf ... 57
Der Hungertod und die lange Überfahrt ... 58
Kein Ball nach Amerika ... 60
Unruhen | Orange und Grün ... 64
Schiri im Bürgerkrieg ... 68
Spielfelder markieren | A Sense of Belonging ... 70
Herzbahnhof ... 74
Zurückgepfiffen | Der Märchenprinz zu Halloween ... 77
Der Junge von Lisnasharragh ... 79
The boy from Lisnasharragh ... 83
The Celtic Cross ... 85
Spanien und die neuen fetten Jahre ... 86
Kleines Sportschaulexikon ... 88
The Shankill Skinhead & Das letzte Aufbäumen ... 92
Glaube ... 94
Gesockse am Stadion ... 96

Das halbe Heimspiel 98
Treffen im Rotlichtmilieu 100
Der Milk Cup | Werder in Nordirland 104
Ich bin euer Migrationshintergrund 108
Two Teams in Belfast 111
Jack and the Lads 114
Endlich 116
City Hall Belfast, Oktober 1994 117
Der erste Juli 119
Euro '96 120
The Artist Formerly Known as Karl-Marx-Stadt 121
Salz der Erde 126
The Man in the Yellow Sweater 127
Nachwuchs 130
Zappenduster 131
Die Rückkehr der Finsternis 134
Des Hooligans zweiter Streich | Am Flughafen 136
Allzu bald vergeht des Sommers Zeit1 139
Kiez und IKEA 140
Offener Brief 145
One team in Germany – one team in Ireland? 147
Eine gute, aber auch eine schlechte Nachricht 149
Das bittere Ende 150
Back to the Future | Belfast in Bremen 153
Nostalgie 2016 157
Nightmare on Osterdeich 159
Departures 160
Gebet eines Fußballfreundes 162
Vier Heimspiele 164
Theatre of Dreams 168
Ein Lody Roembiak und viel Frust 171
No guru, no method, no goals 174
Warum Tjikuzu nicht gelobt werden darf 177
Nachspielzeit 180
Auslaufen 181
Über den Autor 184

Ein Chronist, der auf seine Erinnerungen angewiesen ist, kann sich selbst nicht trauen. Um zu einem Ereignis in der Vergangenheit zurückzugehen, muss er sich an Zahlen und Daten und zeitgleichen Ereignissen sichern wie ein Bergsteiger an einem Haken, und wenn er endlich angekommen ist, muss er sein Seil in einen weiteren Haken aus Daten und Zahlen einhängen, bevor er sich noch weiter zurück zu einem noch vergangeneren Ereignis hangeln kann.

aus Malin Schwerdtfeger, *Delphi.* Köln: Kiepenhauer & Witsch 2006, S.12

* * *

And when they were gone, we turned, solid to a man and a woman, thirteen thousand of us, cheering, applauding, chanting out the players' names, letting them know how proud we felt. [...] You know, all my life it seems that somebody somewhere has always been trying to tell me what Ireland I belong to. But I only belonged there. I raised my hands and applauded, having finally, in my last moments with Shane and Mick found the only Ireland whose name I can sing, given to me by eleven men dressed in green. And the only Ireland I can pass on to the son who will carry my name and features in a foreign land.

I walked down to platform B17 at 8 p.m., found a carriage by myself. [...] The lights of a dozen German towns spread out while the train sped on. And all the way to Hamburg it wasn't the wheels that were chattering, but the very network of tracks, carrying us all away from Gelsenkirchen, scattering us like seed across the continent, those steel lines chanting ...

aus Dermot Bolgers Ein-Mann-Stück *In High Germany,* 1990; Handlungsort ist die EM 1988 in Deutschland. Irland hat gerade 1–0 gegen den späteren Meister Niederlande verloren.

Vorwort mit Vor-Wörtern

Dieses Buch wird an einem spannungsreichen Vorabend fertig – knapp vor der Fußball-Europameisterschaft in Frankreich. Meine Vorfreude ist besonders groß, denn beide irischen Teams sind mit hungrigen jungen Spielern dabei, und auch meine dritte Mannschaft, Deutschland, die sich in einer vielversprechenden Umbruchphase befindet, hat gute Chancen. Drei Nationalmannschaften zu haben, ist ein Privileg des Nordiren in der Diaspora.

Im Vorfeld spielt aber auch die Angst mit. Plötzlich sind Fußballstadien, so wie alle Orte, wo viele Menschen zusammen kommen, mit Vorsicht zu genießen.

Der Fußball ist eine internationale Brücke der Verständigung und der Verbindung. Wenn die Menschen, die schon einmal versucht haben, diese Brücke zu sprengen, nicht so gefährlich wären, wären sie bedauernswert. Wem die Offenheit und freudige Gemeinschaft großer Mengen auf einer Stadiontribüne gleichgültig sind, wer diese als gefährliche Dekadenz sieht oder für eine Sünde hält, hat in der Tat ein so armseliges Leben, dass es kein Wunder ist, dass er sich nach einem jenseitigen Paradies sehnen muss.

Es lebe im Diesseits die bunte Brücke des Fußballs. Und wer an ein Jenseits glaubt, kann dort mit ewiger Freude mit oder gegen Johan Cruyff, Robert Enke oder George Best antreten.

Ian Watson, im Mai 2016

Keine Scherben, sondern ein Mosaik | Ein Aufwärmprogramm

Als Nordire habe ich doppelte Staatsangehörigkeit: britisch und irisch. Da ich außerdem mütterlicherseits halb Schotte und seit vierzig Jahren deutscher Steuerzahler bin, gelte ich als so etwas wie ein wandelnder Cocktail. Meine erwachsenen Kinder sind 50% deutsch, 25% irisch, 25% schottisch. Als sie klein waren, hatten sie einen britischen und einen deutschen Reisepass. Sie fühlen sich als Deutsche – und sie sind es auch. Ich hoffe, dass es nie eine düstere Zukunft geben wird, in der jemand auf die Idee kommt, sie als »Viertel-Iren« zu registrieren. Dass sie so gut wie zweisprachig sind, liegt weniger an den Anstrengungen ihres anglophonen Vaters als an der fremdsprachendidaktischen Exzellenz deutscher Lehrpläne und ihren irischen Großeltern. Manche könnten meinen, ich müsste als wandelnder Cocktail auch eine wandelnde Identitätskrise sein. Das Gegenteil ist der Fall; mir geht es gut dabei. Ich bin kein Scherbenhaufen, sondern ein buntes Mosaik.

Ich weiß sehr wohl, wo ich herkomme, ich weiß, wo ich bin und ich vermute sehr stark, dass ich weiß, wo ich bleibe, denn in allergrößter Wahrscheinlichkeit wird der Rauch meiner Asche über die Bremer Stadtteile Hemelingen und Sebaldsbrück treiben, über das große Mercedes-Werk, das eine Fläche von 200 Fußballplätzen vorweisen kann.

Dieses Buch zeichnet die Geschichte einer typischen EU-Migration zwischen Irland und Deutschland nach, zwischen Christy Moore und Klaus Lage, zwischen Belfast und Bremen; aber auch zwischen der britischen und der deutschen Kultur, eines Hin-und-Her zwischen dem *Guardian* und der *Süddeutschen*, zwischen *Sherlock* und *Sportschau*, zwischen meinen nordirischen Eltern und meinen deutschen Kindern. Es ist die Geschichte vom Pendeln des Herzens, zwischen Mutter- und Schwiegermuttersprache, bei dem Auswärtsspiele zu Heimspielen werden und umgekehrt.

Der sinnbildliche Rucksack, in den der Emigrant Proviant und Krimskrams von der Heimat stopft, enthält oft – neben den

Kochgerüchen, der Dorfkirmes, dem Knarzen der Schlafzimmerdielen, den Schulhofkämpfen, den Narben der Kindheit oder dem Blick auf die Berge – den Fußball: einen Verein, eine Nation.

Geschichten wie meine sind auch jenseits von Krieg, Unterdrückung, Armut und Flucht zur Realität vieler Individuen und Familien geworden. Es mögen zwar Welten zwischen der innerdeutschen Fernbeziehung liegen, wo Postdoktoranden und Windparkingenieure wöchentlich Geld in die Kasse der Bahn AG spülen, und dem Call Shop an der Ecke, der günstige Telefongespräche mit fernen Ländern anbietet und um den junge Männer mit Heimweh tagsüber herumhängen müssen. Was diese Menschen und meine Familie aber gemeinsam haben, ist eine globalisierte Welt, in der es normal ist, dass Kinder in Deutschland Großeltern in anderen Kontinenten haben, eine Welt, in der Zweisprachigkeit und sogar Mehrsprachigkeit selbstverständlich ist. Diese Wirklichkeit umfasst inzwischen alle sozialen Schichten, vom internationalen Jet-Set bis zur Flüchtlingsfamilie – und alle Stationen dazwischen. Somit stellt sich die Frage der Identität nicht so sehr als: »Wer bin ich?«, sondern eher: »Was bin ich geworden?«

In einem solch spannenden Spannungsfeld lebe ich. In meiner langjährigen Karriere als nichtdeutscher deutscher Steuerzahler habe ich die Sitten und Gewohnheiten sowohl meines Gastlandes als auch meiner Heimat beobachtet, verglichen und aufgeschrieben. Man wird gleichzeitig Bestandteil und distanzierter Kritiker beider Kulturen. Als strenger und dogmatischer Hochschuldozent für die englische Sprache sowie die britische und irische Kultur konnte ich oft Studierende mit bösen Blicken und Liebesentzug bestrafen, wenn sie deutsche Anglizismen oder die falschen Zeiten verwendeten. (Wer wagte, »*I have seen him yesterday evening*« in einem Sprachkurs von mir auszusprechen, konnte damit rechnen, am folgenden Samstag auf dem Wochenmarkt von mir geschnitten zu werden. Physische Gewalt kam allerdings äußerst selten vor.) Wie oft bin ich auf Partys – eigentlich müsste es ja »*parties*« heißen, na ja – cholerisch geworden, weil irgendeine arme Sau »*last not least*« sagte. »BUT!«, schrie ich immer. »BUT! Das ›*but*‹ ist doch entscheidend!«, bevor ich mein Bier über ihn kippte, aus der Wohnung meiner Gastgeber stürzte und die Tür hinter mir zuknallte. Andererseits: Wie viele meiner Frühstücke in Deutschland sind mir im Hals stecken geblieben, weil ein Nachrichtensprecher oder Moderator von BBC Radio 4 nicht in der Lage war, »Özil« oder »Schäuble« vernünftig auszusprechen?

Ich bin Lyriker und Literaturwissenschaftler; die Literatur, ob deutsch- oder englischsprachig, ob von woanders her in deutscher oder englischer Übersetzung, ist meine große Leidenschaft. Das Verhältnis zwischen Schriftstellern und Philologen müsste eigentlich genau dem zwischen Mastschweinen und Landtierärzten entsprechen. Das ist aber nicht so. Die Zahl der Literaturprofis, die Gedichte und vor allem Romane schreiben, wächst ständig, aber nicht halb so schnell wie die Armee der Autoren und Autorinnen, die vor der Schriftstellerkarriere an einer Universität Kreatives Schreiben studiert haben. Literaten sind ihr eigener Forschungsgegenstand. Bei uns sind die Grenzen fließend. Ich bin sowohl Blaue Blume als auch Biologe. Fließende Grenzen sind mein Thema.

Mein zweites emotionales Standbein ist der Fußball, und das schon lange, bevor ich mich ins Lesen verliebt habe. Oft, wenn nach ihrer Befindlichkeit gefragt, antworten professionelle Fußballer: »Ich darf mein Hobby als Beruf ausüben.« Uns Philologen geht es nicht viel anders. Die Literatur(wissenschaft) und der Fußball haben zwei weitere Gemeinsamkeiten. Beide geben Halt, sind identitätsstiftend, das heißt, sie zementieren Zusammengehörigkeitsgefühle. So wie für die britische oder deutsche literarische Identität die Zitate aus Shakespeare oder Goethe ein bindendes Merkmal darstellen, sind für Anhänger eines Fußballvereins die Vereinsfarben, Helden und Ikonen, Erinnerungen und Legenden von zentraler Bedeutung. Das kann positiv sein, es heißt aber auch, dass damit Grenzen definiert werden – zwischen »uns« und den anderen. Die Literatur und der Fußball sind jedoch auch internationale Sprachen, die unterschiedliche Kulturkreise miteinander verbinden, uns und anderen das Fremde jeweils näher bringen. Der Fußball arbeitet sogar gänzlich ohne Sprache, hat gar keine Übersetzung nötig.

Meine Migration ist also auch eine Fußballmigration. In beiden Ländern war und bin ich der Farbe Grün sehr verbunden, denn in Belfast ist es die nordirische Nationalmannschaft, die in der traditionellen Farbe der Insel spielt, in Deutschland der Sportverein Werder Bremen. Mit beiden Mannschaften verbinden sich Höhen und Tiefen in meiner Geschichte. Beide brachten als Underdogs große Spieler hervor und lieferten große Spiele. Beide haben mit meiner Identität und meinem Heimatgefühl zu tun.

Mitten in meiner Arbeit an diesem Buch fragt eine Schriftstellerkollegin – auch eine Migrantin wie ich –, worüber ich schreibe. Auf meine Antwort fragt sie weiter, was um Himmels Willen Fußball mit Migration zu tun habe. Meine erste – für sie – kryptische Antwort lautet: »Frag Guardiola und Klopp«. Ich kenne nämlich keinen Berufsstand, der so viele Migranten beschäftigt – ob Binnenwanderer oder Grenzen Überschreitende. Das Kind eines Profifußballers wechselt die Heimatstadt sogar öfter als eins aus einer Bundeswehrfamilie – mit all den bekannten Problemen: ständiger Schulwechsel (gerade im kunterbunten ländergesteuerten Bildungschaos Deutschlands!), Verlust und Wiederaufbau von Freundschaften und so weiter.

»Die Welt ist zwar kein Fußball, aber im Fußball, das ist kein Geheimnis, findet sich eine ganze Menge Welt.«[1] Von den 28 Profis im Kader des FC Bayern München sind 15 keine Deutschen (dabei hat allerdings der Deutsche Gianluca Gaudino, Sohn des deutschen Ex-Nationalspielers Maurizio Gaudino, zwei neapolitanische Großeltern). Ja, Bayern, sagen Sie, Bayern – die sind internationale Klasse, absolute Ausnahme. Aber beim SV Werder Bremen sind zurzeit 12 von 31 Spielern Ausländer, und diese kommen aus 11 Ländern. Einer, Aron Jóhannsson, ist US-amerikanischer Nationalspieler aus Mobile, Alabama, mit dorthin ausgewanderten isländischen Eltern. Von den 18 Ausländern beim VfL Wolfsburg (Kadergröße 29) haben sogar 9 doppelte Staatsangehörigkeit. Der Begriff »Doppelpass« hat jetzt eine pikante Doppeldeutigkeit im Fußball. Und es ist kein Zufall, dass Stammtisch-Fans älteren Datums auch heutzutage bei ihrer Kritik am modernen Fußball oft von »Legionären« oder gar abfällig von »Söldnern« reden.

Fußball und Migration haben einen zentralen Berührungspunkt: die Identifikation – und damit auch die eigene Identität. Für den eingewanderten Fan gilt das allerdings nicht nur für den Fußball, sondern auch und gerade für den ganzen deutschen Alltag:

---

1 Aus Ror Wolf, *Die heiße Luft der Spiele*, Suhrkamp 1980.

Tag für Tag
trag ich mein
Auswärtstrikot:
schwarz, rot, gold.

* * *

»Wo kommen Sie her?«, ist die Frage, mit der Menschen mit einem ungewöhnlichen bzw. ungewohnten Namen oder mit einem »auffälligen« Aussehen wie etwa dunkler Haut oder einem Kopftuch am häufigsten konfrontiert werden. (Dass Letztere oft nur mit »Dortmund« oder »Kiel« oder »Garmisch-Partenkirchen« antworten können, steht auf einem anderen Blatt.) Wenn man antwortet, kommt als Reaktion des Gesprächpartners häufig ein Klischee – in meinem Fall hat es oft mit Bürgerkrieg oder Religionskampf zu tun. Kaum jemand stellt essentielle Fragen danach, wie es in der alten Heimat ist, und so wächst das Bedürfnis, genau darüber zu erzählen. Denn die Heimat eines Migranten ist eine unerschöpfliche Quelle von Gegensätzlichem und Ähnlichem. Jedes Land des »Anderen« hat eine lange, widersprüchliche Geschichte, die zu erzählen sich lohnt. Genau das war eine meiner Hauptmotivationen, dieses Buch zu schreiben.

Es ist, wie ich, ein Mosaik, das aus Steinen in mehreren Farben besteht. Da sind unter anderem: meine alte Heimat Nordirland; der Fußball; die Migration; die Identitätsfrage. Die einzelnen Texte erhellen mal einen Schwerpunkt, mal eine Kombination mehrerer. Der Leser muss – bildlich gesprochen – bereit bleiben, die bunten Steinchen immer wieder durch die Finger rinnen zu lassen, bevor die Verbindungen zwischen den verschiedenen Elementen allmählich klar werden.

Es folgen Texte, die ich über mehr als drei Jahrzehnte geschrieben und gesammelt habe. Es stellt eine schamlose Mixtur dar – ein *mingle-mangle*, wie die Leute von der Bremer Shakespeare Company zu sagen pflegen. Um der Frage nach Heimat, Identität und ja, auch und gerade Fußball nachzugehen, mische ich Fakt mit Fiktion, ernsthaft Historisches mit satirischen Glossen sowie Journalismus mit Lyrik und Anekdoten zu einem hoffentlich unterhaltsamen Potpourri. *Spielfelder* ist also Lebensgeschichte und Vereinschronik, Leidensweg und Liebeslied an zwei – na ja, warum erkennt die deutsche Sprache so selten die Mehrzahl von »Heimat« an?

Heimaten

›What's the plural of *home*, Holmes?‹
›Homes.‹
›*Homes*, Holmes?‹
›Elementary, my dear Watson.‹

Ich bitte den besten Sherlock, Benedict Cumberbatch, um Entschuldigung …

Hier nun ein Bild aus der Nähe meines Heimatdorfes, dreißiger Jahre. Sowohl mein Großvater als auch mein Vater waren Eisenbahner, und mein Vater war am Bau dieses Viadukts beteiligt:

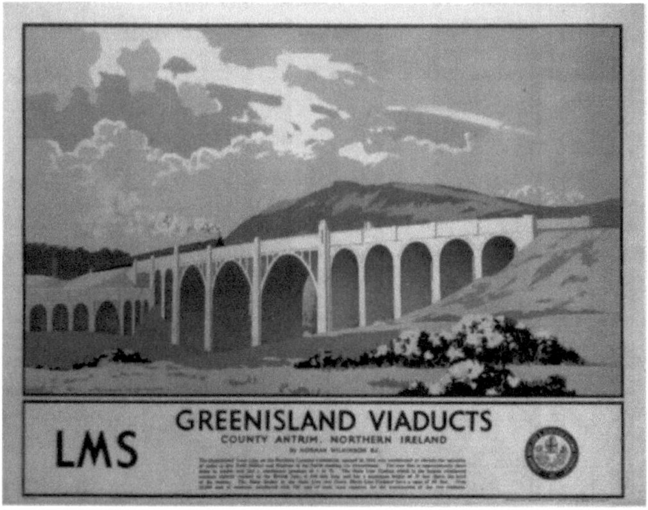

Altes Spielfeld, erste Heimat

Hinter Großbritannien liegt eine noch feuchtere Insel im Atlantik, die aus zwei Staaten besteht: die Republik Irland und, in der oberen rechte Ecke, sechs Grafschaften, die ein Teil des »Vereinigten Königreichs von Großbritannien und Nordirland« sind, auch als »UK« oder »Britain« bekannt.[1] Meine Heimat ist also eine Art verlassener Vorposten am Rande Irlands, am Rande Britanniens, am Rande Europas. Ich stamme aus einer feuchtwindigen Provinz mit weniger Einwohnern als Hamburg – aber mit einer eigenen Fußballnationalmannschaft. Und mit nicht nur irgendeiner, sondern der viertältesten der Welt und einer, die sich neulich als Gruppen-Erster für die Europameisterschaft 2016 qualifiziert hat. Mit der »Green and White Army« der Fans, die in Europa einen guten Ruf als humorvoll und fair genießen, kommen Spieler wie Paddy McNair, Steven Davis oder Stürmer Kyle Lafferty von Norwich City (7 Tore in der Qualifikationsphase)[2], die in der Lage sind, die EM aufzumischen. Wenn Deutschland gegen Nordirland im dritten Gruppenspiel antritt, ist sogar im Parc des Princes der Chef-Greenkeeper ein Nordire, Jonathan Calderwood.[3]

Übrigens: Dass sich für diese EM gleich zwei irische Mannschaften qualifiziert haben, dürfte gerade für die Verfolger des deutschen Fußballs keinen Widerspruch darstellen, denn schließlich spielten bei der WM 1974 auch zwei deutsche Mannschaften. Eine wurde Weltmeister und die andere schlug den werdenden Weltmeister 1–0.

---

1 Im Gegensatz zu »Great Britain« bzw. »Großbritannien«, das nämlich nur aus der größeren Insel, d.h. aus England, Schottland und Wales besteht. Das »und« ist für pro-britische Nordiren sehr wichtig.
2 Vgl. »Vom Clown zum König«, *kicker* vom 14. März 2016, S. 86f.
3 »Gegen Deutschland – ein Traum«, ebenda S. 86.

Die Randerscheinung Nordirland war allerdings lange im Mittelpunkt des Interesses, auch in Deutschland. Jahr für Jahr schaute ich in der ARD-*Tagesschau* Kriegsbilder von daheim: Seit ich in Deutschland lebe, werde ich ständig auf meine nordirische Heimat angesprochen, die von den Menschen durchgehend kritisch gesehen wird. Als ich mal vor längerer Zeit beim Jogging ohne Papiere erwischt und im Polizeiauto nach Hause gebracht wurde (was im damals sehr ruhigen Buntentorsteinweg für Furore sorgte), fragte mich einer der Beamten beim Betrachten meines Geburtsortes in der Aufenthaltserlaubnis skeptisch, ob ich »aus politischen Gründen« Nordirland verlassen hätte. *Allerdings*, antwortete ich etwas verschnupft: *Ich hatte keine Arbeit – ganz schön politisch, was?* Ja: Ich war ein Wirtschaftsasylant in Deutschland, Jahrzehnte bevor dieser abwertende Begriff erfunden wurde. Viele Deutsche kennen Irland: Sie angeln auf dem Shannon, hören traditionelle Musik in Clare, verfolgen die Spuren von James Joyce in Dublin oder wandern in Kerry. Aber den *dark North*, den dunklen Norden, meiden sie. Lauert dort doch ein Schlachtfeld von Bürgerkrieg und organisiertem Verbrechen, ein Dschungel der Gewalt, eine Art europäisches South Central LA. Nordirland scheint ein Problem zu haben, ja ein Problem zu sein. Aber für die Menschen dort drüben ist die Provinz *a great wee country*, eine großartiges kleines Land, wenn bloß dieser Dreißigjährige Krieg nicht gewesen wäre – na, wieder eine Parallele zu Deutschland?

Mitte der neunziger Jahre erhielt ich als Universitätsdozent einen Anruf von einer besorgten Mutter, deren Tochter, die bei uns Anglistik studierte, gerade einen Austauschplatz an der nordirischen University of Ulster in Coleraine bekommen hatte. Sie fragte, ob wir die Sicherheit ihrer Tochter dort garantieren könnten. Ich bejahte dies nachdrücklich und wies dann zum Erstaunen der Frau darauf, dass diese Partneruniversität uns gerade mitgeteilt hätte, sie habe eins ihrer anderen deutschen Austauschprogramme, nämlich das mit der FU Berlin, mit sofortiger Wirkung zeitweilig aufgehoben, weil im Osten Berlins, wo die Studentenheime der FU lägen, so viele Angriffe auf ausländische Studierende stattgefunden hätten (ein Mädchen aus Coleraine war vergewaltigt, zwei nordirische Studenten von Berliner Skins bewusstlos geschlagen worden). Berlin sei einfach zu gefährlich für die Schützlinge meiner nordirischen Kolleginnen und Kollegen.

In der Tat war Nordirland – auch während der »Troubles« – ein touristischer Geheimtipp, nicht nur für Naturliebhaber. Die spektakuläre Nordküste, die Seen im Südwesten – Upper und Lower Lough Erne bei Enniskillen. Und neben dem Giant's Causeway, dem Titanic Centre, der 1177 gebauten Burg von Carrickfergus oder den Heimathöfen von zwei US-Präsidenten sind inzwischen die »Troubles Tours«-Stadtrundfahrten in Belfast zu genießen. Aus dem Bürgerkrieg ist eine Touristenattraktion geworden. Aber um den Verdacht nicht aufkommen zu lassen, das vorliegende Buch sei von der Northern Ireland Tourist Board gesponsert worden, mache ich hier einen Punkt. Fahren Sie einfach hin, Sie werden nicht enttäuscht sein.

Ich bin mal Ire, mal Nordire. Im Folgenden wird regelmäßig zwischen Nordirland und Irland hin und her geschaltet werden, und das hat mit meinen Wurzeln als Nachfahre der protestantischen englischen und schottischen Siedler im Norden zu tun, die damals die katholischen Einheimischen immer weiter in den wilden, kargen Westen verdrängten, weg vom guten Agrarland.[1] Aber auch wir kleine Besatzer sind seit fast 400 Jahren im Lande und haben uns assimiliert. Es waren überwiegend nordirische Presbyterianer, die die »United Irishmen«, Irlands erste nationale Befreiungsbewegung, gründeten und anführten. Denn die Presbyterianer gehörten zu den radikal-protestantischen Dissentern, die seit der britischen Reformation gegen die anglikanische Staatskirche opponierten und deswegen seit 1689 genauso wie die Katholiken von Landbesitz, Wahlrecht, universitärer Bildung und öffentlichen Ämtern ausgeschlossen waren. (Es waren schließlich auch solche britische Dissenter, die 1620 über den Atlantik flüchteten, wo sie auch Siedler wurden; daraus wurden bekanntlich die USA.) Ich bin stolz darauf, zu dieser Widerstandstradition zu gehören.

---

1 Diese Besiedelung, »The Plantation of Ulster« (Gälisch: Plandáil Uladh) fing Anfang des 17. Jahrhunderts (in der Lebenszeit Shakespeares) durch die Konfiszierung von Ländereien rebellischer Stammesführer an, und wurde nach dem englischen Bürgerkrieg (1642–51) fortgesetzt, als der siegreiche Führer Oliver Cromwell Soldaten seiner Armee mit Land in Ulster belohnte.

Obwohl ich mit der BBC, dem britischen Bildungssystem und Manchester United groß geworden bin und mein erster Reisepass ein britischer war, und obwohl ich kein Gälisch spreche, fühle ich mich zuerst als Ire. Die vertraute Region Nordirland ist meine innere Heimat. Ob diese weiterhin zum Vereinigten Königreich gehört oder Teil einer erweiterten Republik wird, ist mir, ehrlich gesagt, schnuppe – Heimat bleibt Heimat. Ich bitte um Verständnis für einen Widerspruch, mit dem nicht nur der Leser, sondern auch ich selber leben muss.

Die Fähre und das große Glück

Mir brauchen Sie nichts von Treue und Zugehörigkeit zu erzählen: Als ich elf war, fielen meine Helden vom Himmel. Im Februar 1958 stürzte die vereiste Maschine, die die Mannschaft von Manchester United nach einem Europapokalspiel gegen Roter Stern Belgrad nach Hause brachte, beim Start nach einer Zwischenlandung am Münchener Flughafen ab. Es starben 23 Menschen, darunter acht Mitglieder der jungen United-Meistermannschaft, die man die *Busby Babes* nannte. Unter den Überlebenden waren zwei nordirische Nationalspieler: Jackie Blanchflower (Dannys jüngerer Bruder), der nie wieder Fußball spielte; und mein Idol, Torwart Harry Gregg – derjenige, der sich bald beim WM-Viertelfinale die Hand brechen sollte. Gregg hat sich dadurch ausgezeichnet, dass er ins brennende Flugzeug zurück rannte und mehreren Mannschaftskameraden – darunter Bobby Charlton – das Leben rettete. Nirgendwo außerhalb von Manchester wurde der Verlust tiefer gespürt als in Nordirland. Am nächsten Tag, bei der morgendlichen Schulversammlung, als wir um David Pegg, Tommy Taylor und all die anderen trauerten und beteten, dass Duncan Edwards und Trainer Matt Busby nicht sterben würden, weinten elf- bis achtzehnjährige Großstadtjungs – und unser verhasster Mathelehrer. Ich war schon treuer United-Fan; durch München war mein Schicksal und das vieler meiner nordirischen Freunde endgültig besiegelt.

Schon vor der Entstehung der legendären Liverpool-Mannschaft Bill Shanklys in den siebziger Jahren (und bevor unsere verschlafene Heimat sich in einen durch zwei bewaffnete Lager geteilten Kriegsschauplatz verwandelte), war die Verbindung zwischen United und Nordirland sprichwörtlich, und zwar bereits seit den vierziger Jahren. Gregg und Jackie Blanchflower, später dann George Best, Sammy McIlroy, Jimmy Nichol, Sammy Houston, Mal Donaghy, Norman Whiteside, Keith Gillespie, Roy Carroll oder – bei der EM 2016 – Paddy McNair, gehören zu den erfolgreichsten einer großen Zahl nordirischer Teenager, die mit der Fähre über die Irische See gefahren sind, um das große Glück und den Ruhm bei United zu suchen. Seit einem gewissen W. Crooks vor hundert Jahren sind es bisher genau 29 Nordiren, die für Uniteds erste Mannschaft spielten. Zurzeit spielt nur einer im ersten Kader – Paddy McNair. In der zweiten Garde Corry Evans, Oliver Norwood und Reservetorwart Conor Devlin: Alle sind unter 22.

Abgeschnitten vom britischen Mutterland durch eben diese schaukelige Fähre, war unsere Kultur drüben größtenteils aus zweiter Hand. Des erstklassigen Fußballs beraubt, gingen wir halbherzig zu den Halbprofis von Linfield, Crusaders oder Glentoran. Aber wir träumten von Old Trafford und von dem Tag, an dem wir es uns leisten könnten, freitags als Fans mit dem Nachtschiff zu fahren, auf dem man in der Bar immer sitzend und mit hochgelegten Füßen schlafen musste, weil auf dem schaukelnden dieselzitternden Boden Guinness und Kotze hin und her schwappten.

Meine erste Saison auf der Schaukel- und Kotzfähre (zwei Heimspiele, mehr war ja im Portemonnaie nicht drin) war sogar das Meisterjahr 1966/67; die interessanteste allerdings war zugleich der Anfang vom Ende. (Oder war der Anfang vom Ende schon 1967/68, als United zwar Europapokalsieger, aber durch Tordifferenz hinter dem Lokalrivalen Manchester City nur zweiter in der englischen Meisterschaft wurde?) Als wir am letzten Spieltag der Saison 1968/69 den Leicester City FC mit dem fröhlichen, nach der Melodie von *Happy Birthday* angestimmten Lied *Relegation to you* (3–2 in Old Trafford) in den Abstieg schickten, mussten wir uns nicht nur von unserem legendären und unersetzlichen Trainer Matt Busby verabschieden, der in den Ruhestand ging, sondern uns auch damit abfinden, dass United nur auf dem elften Tabellenplatz stand. Meister wurde der verhasste Leeds United, dahinter Liverpool und Everton. Eine neue Ära brach an, die fetten Jahre waren vorbei.

Das gekotze Ross: Oder, wie kommt so einer nach Deutschland?

Als ich im April 1967 als Siebzehnjähriger zum ersten Mal nach Deutschland kam, war Deutsch noch meine zweite Fremdsprache nach Französisch. Man United führte schon die Tabelle vor Nottingham Forest, Spurs und Liverpool, und über unsere Meisterschaft habe ich Wochen später in der Bild-Zeitung gelesen. Der lange Sommer in einer deutschen Karosseriefabrik (wo ich allerdings auch die Grundlagen des Italienischen üben musste, weil die meisten meiner Kollegen im Presswerk aus dem Land kamen, wo die Zitronen blühen) änderte viel in meinem Leben, auch viele Denkmuster, mit denen ich als nordirischer Nachkriegsjunge groß geworden war. So lernte ich, die Feinde meiner Eltern zu lieben.

Damals war der Zweite Weltkrieg das Hauptthema der britischen Filmindustrie, und hunderttausende gleichaltrige Jungs wie ich, die sich für Technik, Flugzeuge usw. interessierten, waren mit den schlauen, heroischen Gentlemen-Offizieren aufgewachsen, die 1950 filmisch aus dem Stalag Luft III im damals deutschen Sagan (jetzt Żagań) ausbrachen, indem sie mit Hilfe ihres »Trojanischen Pferdes« (einem selbstgebastelten Turnbock, der einen Tunneleingang verbarg) die stumpfsinnigen deutschen SS-Wärter austricksten. Oder mit dem erst 24-jährigen RAF-Geschwaderführer Guy Gibson, der 1943 den – gleichfalls als klug und heroisch bewerteten – Luftangriff auf die Talsperren Möhne und Edersee leitete, eine Aktion übrigens, die ich als Erwachsener zunehmend als Kriegsverbrechen betrachtete, weil sie hauptsächlich gegen Zivilisten gerichtet war, zumal sich unter den 1.600 Toten 1.000 sowjetische Zwangsarbeiter befanden. Der britischen Öffentlichkeit wurde dieser Angriff als Schlag gegen die Industrie im Ruhrgebiet verkauft, aber der offizielle militärische Name der Operation, »Chastise« (*strafen* oder *züchtigen*: meines Wissens erst in den sechziger Jahren freigegeben) verrät die Absicht, mit diesen Angriffen die deutsche Zivilbevölkerung zu demotivieren und so gegen das NS-Regime aufzuhetzen.

Meine schottische Mutter Peggy, die nach Nordirland ausgewandert war, um ihren Urlaubsfreund, meinen späteren Vater Brian, zu heiraten, hatte am 15. April 1941 einen – wie sie es selber nannte – Tribünenplatz beim ersten deutschen Blitzkrieg auf Belfast, der, obwohl vielleicht weniger bekannt als die Angriffe auf London oder Coventry, nach London die zweitgrößte Zahl an Toten (ca. 1.000) und Verletzten (1.500) mit sich brachte. 100.000 Menschen wurden über Nacht obdachlos. Weitere Angriffe folgten im Mai. Meine Mutter erzählte mir als Kind viel davon: Wie sie zuschaute, als ein Öltanker im Belfaster Hafen getroffen wurde und explodierte;[1] oder die Tatsache, dass die Luftwaffemaschinen, die um Schottland herum aus dem Nordosten kamen, sich für den Einflug auf Belfast ausgerechnet am 1936 oben auf unserem Dorfberg Knockagh errichteten Denkmal zum Ersten Weltkrieg orientierten. Eine weitere »Blitz«-Geschichte erfuhr ich Jahre später während einer Brauereiführung bei Guinness in Dublin: Als die ersten Bomben fielen, erhielt der Präsident der Republik, Eamonn De Valera, die dringende Bitte um humanitäre Hilfe aus Belfast, nämlich Feuerwehrkräfte aus dem Süden nach Norden zu schicken. Das versetzte De Valera in eine schwierige Lage, denn die Republik war im Krieg neutral, und er hatte Angst, Hitler würde eine solche Aktion als Neutralitätsbruch betrachten und Irland angreifen. Also kam er auf die Idee, inoffiziell an »seine« Feuerwehrmänner zu appellieren, als Freiwillige nach Belfast zu fahren. So kamen Einsatzwagen aus Dublin und Dundalk in die brennende nordirische Hauptstadt, darunter die komplette Werksfeuerwehr der Guinness-Brauerei (zwölf Wagen), die sich alle selbstlos in ein Kriegsgebiet begaben. Aus Sicherheitsgründen wurde bei keiner einzigen Feuerwehr außer bei der von Guinness der Einsatz schriftlich fixiert, aber genau 50 Jahre später stand bei einer Blitzkriegsgedächtnis-Ausstellung in Belfast einer der Wagen aus Dundalk stolz poliert vor dem Belfaster Rathaus.

1 Einen interessanten (englischsprachigen) Augenzeugenbericht aus 2009 findet man online bei der BBC: http://news.bbc.co.uk/2/hi/uk_news/northern_ireland/8248863.stm.

Mit solchen Geschichten wurde ich groß, und aus dieser für die Zeit typisch britischen Sozialisation kam ich 1963 über Dover, Paris und Straßburg/Kehl nach Heilbronn. Ausgangspunkt war eine Anfrage unseres deutschen Fremdsprachenassistenten am Belfaster Gymnasium, ob jemand Lust hätte, die langen Sommerferien in seiner Heimat bei der Firma zu verbringen, wo sein Vater Vorarbeiter war. Mein Freund Dennis und ich sagten sofort zu.

Ich kam als Mieter in das Haus des Ehepaars Hutz. Von diesen gütigen alten Menschen wurde ich wie ein Enkelsohn behandelt, verhätschelt und verwöhnt. Es war das erste Mal, dass ich ohne das gute irische Weißbrot und vor allem das Vollkornsodabrot meiner Heimat auskommen musste. Jeden Morgen bekam ich ein wunderschönes Wurstbrot und eine Thermosflasche Tee zu Mittag, aber es hat länger gedauert, bevor ich das Brot mit Roggen genießen konnte. Der Tee war nicht schlecht – hatte mit dem starken Gebräu, mit dem ich groß geworden war, nichts zu tun, aber immerhin. Und ich musste viel davon trinken, um das schwere Graubrot oder, erst recht, das Schwarzbrot herunterzukriegen, das eher an die Untersetzer am Esstisch zu Hause erinnerte. Aber auch daran habe ich mich gewöhnt, auch wenn die Italiener um mich herum in der Mittagspause aus einer vermutlich geheimen Quelle Weißbrot von zu Hause mitbrachten, das ich begehrte.

Mein Aufenthalt in der hässlichen (weil kriegszerstörten), aber liebenswerten Stadt am Neckar hatte zwei Tiefpunkte, die auf sprachlichen und kulturellen Missverständnissen basierten und mich schon in meinem jugendlichen Wahnsinn für ebensolche sensibilisierte. Das erste kam am ersten Wochenende, als der Vater unseres Belfaster Assistenten uns zuliebe bei sich zu Hause eine Gartengrillparty organisierte. Alles war so lecker. Ich habe zum ersten Mal in meinem Leben Alkohol getrunken, und zwar ein (so wurde mir erzählt) hervorragendes Produkt der Region. Als es dunkel wurde, bedankte ich mich überschwänglich (damals noch »überschwenglich«) bei meinen Gastgebern für den Abend und betonte, wie sehr mir das Gegrillte – die Würste, die Schnitzel, die Steaks – geschmeckt hatte. »Alles vom Feinsten,« erwiderte Herr Hartmann stolz, »Alles vom Ross.« »Ross? Was ist das?« fragte ich irritiert, denn das Wort hatten wir an der Royal Belfast Academical Institution (ja, wirklich, so hieß und heißt mein Gymnasium immer noch) noch nicht gelernt. »Ja, Ross«, erklärte er, »Pferd.« Als ich einen Witz witterte und laut lachte, merkte ich an seinem Gesichtsausdruck, dass er es ernst meinte. Ich sprintete am verdutzten Ehepaar vorbei, die Treppe hoch, und entleerte den Inhalt des Ganzen ins Klobecken. Ein Ire würde nämlich genauso wenig daran denken, ein Pferd zu essen, wie ein Deutscher einen Hund oder Heuschrecken. Bei uns daheim haben diese graziösen und menschenfreundlichen Tiere (die Pferde, nicht die Heuschrecken) fast den Kultcharakter der Kuh in Indien. Allerdings hat sich inzwischen herausgestellt, dass wir Iren keine Hemmungen haben, unsere alten Tiere nach Belgien zu exportieren, die dann auf magische Art und Weise in britischen Beefburgern auftauchen. Aber damals war der europäische Beefburger noch nicht erfunden …

Die andere Kalamität ereignete sich in der Karosseriefabrik. Nach ein paar Wochen wurde ich, weil ich angeblich so tüchtig war, im Presswerk befördert. Anstatt die schweren Stahlplatten in der Vierergruppe in die Pressmaschine zu legen (was heute ausschließlich mit Robotern passiert), durfte ich an die Qualitätskontrolle. Dabei ging es um die schöne gerundete hintere Stoßstange des Ford Taunus 17M (auch »Badewanne« genannt), die wir im Auftrag des Kölner Werks pressten. Ich sollte überprüfen, ob die untere und obere Hälfte genau aufeinander passten. (Wer beim Zahnarzt schon einmal eine Krone oder vielmehr eine Knirschschiene verpasst bekommen hat und dafür in die Tiefziehfolien hineinbeißen musste, wird wissen, wie genau das in die Zahnbogenform passen muss.) Dazu wurde die obere Fläche mit einer blauen Farbe beschmiert und dann auf die unter Fläche gepresst. Wo unten Farbe zu sehen war, musste nachgeschliffen werden. »Bei den freien Flächen«, sagte der Vorarbeiter, »da musst du besonders aufpassen!« Da im Belfaster Vokabelheft das Verb »aufpassen« noch nicht aufgetaucht war, improvisierte ich: »auf« gleich »on« oder »over«; »passen« gleich »to pass«. Also fuhr ich mit dem Schleifstein extra gewissenhaft über genau die falschen Flächen. Das hätte die Firma Tausende DM gekostet, wenn der Vorarbeiter mich nicht gleich am Anfang erwischt hätte. Kognitives Lernziel: Im Gastland den Wortschatz schnell erweitern!

Dort, beim Ehepaar Hutz, begann mein langer Weg zu Deutsch als Schwiegermuttersprache[1], und ihre Fürsorge wurde zum Fundament einer lebenslangen Liebe zu Deutschland. Aber auch der deutsche Fußball spielte eine Rolle. Alle meine Kollegen in der Karosseriefabrik waren Anhänger des VfB Stuttgart, und so ergab es sich fast von selbst, dass an einem Wochenende im August vier von uns zusammen nach Stuttgart fuhren, um uns ein Freundschaftsspiel anzuschauen. Gegner (war es ein ausländischer Verein?) und Ergebnis sind mir nach all den Jahrzehnten nicht mehr präsent. Was mich aber begeisterte, war die sommerliche, familiäre Atmosphäre im Neckarstadion. Wir standen zwar in der Kurve mit den »richtigen« VfB-Fans (es sollten Dekaden ins Land, ja in beide Länder gehen, bevor der Begriff »Ultras« dafür erfunden wurde), aber am Bemerkenswertesten an der Stimmung war der friedliche Verzehr von Bratwürsten und Bier. »Friedlich« und »Bier« galten nämlich in Belfast als Oxymoron[2]. Und die deutsche Bratwurst gehörte damals zu meinen frischen Entdeckungen – ein Phänomen, das seitdem ganze Generationen von Brits und Paddies begeistert hat. Nicht nur erlebe ich immer wieder die Freude meiner irischen Familie und sonstiger Landsleute zu Besuch, wenn es beim Shoppen um schnelles Mittagsessen ging, sondern ich hörte auch

---

1 Den Begriff »Schwiegermuttersprache« habe ich 1991 fürs das Gedicht »Salz der Erde« (s. unten) erfunden, und zwar als Ausdruck für die Zweitsprache eines assimilierten Ausländers wie ich, der in eine deutsche Familie hineinheiratet (es kann natürlich auch für eine Ausländerin gelten). Heutzutage findet man bei Google unter dem Begriff fast tausend Ergebnisse, die allerdings auf eine andere Bedeutung hinweisen: die traditionelle Sprache kleiner Minderheiten als Code gegen Außenseiter oder »die da oben«, so wie bei Native Americans, Walisern (in der Anwesenheit englischer Touristen) oder der »Cockney Rhyming Slang«.

2 Laut Wahrig eine »rhetorische Figur, bei der zwei sich widersprechende Begriffe verbunden sind, z. B. »beredtes Schweigen«, »alter Knabe« [< grch. oxys »scharf(sinnig)« + moros »dumm«]«. Oder, wie der englische Komiker Andy Hamilton es einmal formulierte: »Es gibt Wörter, die einfach nicht zueinander passen – wie etwa *Newcastle* und *United*«.

jahrelang beim britischen Militärsender BFBS, wie bei Ankündigungen von Festivitäten der britischen Streitkräfte immer wieder betont wurde, dass selbstverständlich »Bratis« im Angebot wären.

* * *

Meine erste Fremdheitserfahrung im Bereich Fußball hatte ich an jenem Sommernachmittag im Neckarstadion. Ich war erstaunt, dass zwischen dem Spielfeld und mir eine sechsspurige Laufbahn lag. So was hatten Dennis und ich weder in Irland noch in England gesehen. Wir haben uns gefragt, wie bei einer solchen Entfernung zum Spielgeschehen bei Punktspielen überhaupt die entsprechende Stimmung aufkommen könnte, zumal die Stehplätze hinter den Toren nicht überdacht waren und aufkommende Gesänge sich somit zu verflüchtigen drohten. Jahre später wurden diese Befürchtungen in der Bundesliga bestätigt. Die vorherrschende Windrichtung in Bremen kommt aus West bis Südwest. Die Heimstehplätze waren aber in der Ostkurve, so dass unsere wohlgemeinten vokalen Beiträge über unsere Schulter verflogen und sich auf die Parkplätze am Osterdeich verteilten. So verlor ich im Handumdrehen die Juwelen der deutschen Volkspoesie, die ich mir gerade angeeignet hatte: »Ihr könnt nach *Haauuse* fahren!«; »Ihr seid scheiße wie der HSV!«; oder (mein Liebling) »Schiri, wir wissen, wo dein Auto stand, hat schön gebrannt, hat schön gebrannt.«

Erst als ich zu einem reiferen Kulturhistoriker mutierte, wurde mir dieser grundsätzliche Unterschied im Stadionbau klar. Auf den britischen Inseln war der professionelle Fußball schon Mitte des 19. Jahrhunderts nicht nur der Zuschauersport par excellence, sondern schon damals durchkommerzialisiert, ein riesiges Geschäft in einer durchweg industrialisierten und konsumorientierten Gesellschaft, ein zentraler Bestandteil der Unterhaltungsindustrie, wenn auch fast ausschließlich der (männlichen) Arbeiterklasse. Die Fußballvereine wurden schon damals als AGs/GmbHs gegründet und waren Besitzer der eigenen Stadien. Historische Fotos etwa von Old Trafford (Manchester United), Highbury (Arsenal) oder Stamford Bridge (Chelsea) zeigen zwar, dass am Anfang des 20. Jahrhunderts immer noch die Mehrheit der Zuschauer ungeschützt dem englischen Wetter ausgesetzt war, aber es gab Ausnahmen.

Hier ein Bild von Goodison Park, dem Stadion des Everton FC, im Jahr 1911:

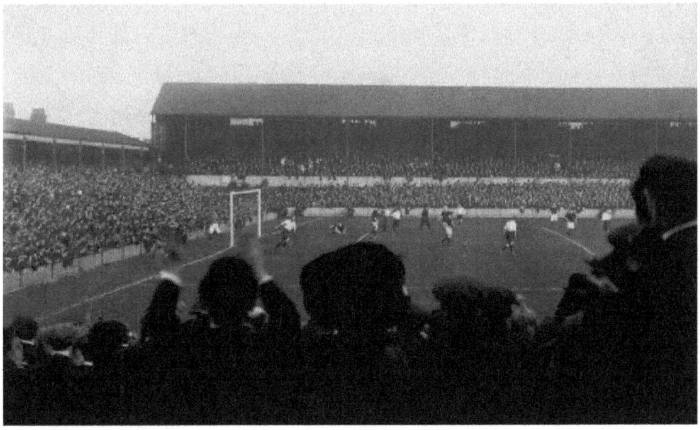

Viele Zuschauer hinter dem Tor hatten noch kein Dach über dem Kopf, aber die hohe Wand ermöglichte schon damals genug akustische Unterstützung. Bis 1945 waren weitgehend überdachte Stehplätze die Norm, und das legte das Fundament für die Fangesänge, die ab den 50er Jahren im britischen Fußball Kult wurden, z.B. »You'll Never Walk Alone« in Liverpool ab 1963 oder (noch früher) »Glory Glory Man United«.

In Deutschland war die sportliche Situation radikal anders. Selbst der heutige Berufsfußball hat, streng genommen und trotz der schwindelerregenden Höhe des finanziellen Einsatzes und Gewinns, immer noch nicht die kommerzialisierte Beschaffenheit des britischen, vor allem des englischen Spiels. Denn hinter den städtischen Stadien und dem das Spiel prägenden Vereinswesen steht eine andere Sporttradition: weniger kommerziell als staatlich gefördert, von Turnvater Jahn bis zum Sportabzeichen und *Jugend trainiert für Olympia*, eher im Sinne des aktiven Mitmachens als des bloßen Zuschauens, breiter gefächert, aber mit der Leichtathletik im Kern. Daher kommen die Tartanbahnen, denn in Deutschland dominierte nicht das Fußball-, sondern das Sportstadion. Hinzu kommt, dass man in Großbritannien und Irland nicht über das ausgetüftelte Sportvereinswesen verfügte, das noch in Deutschland vorherrscht. Das klingt wie eine schlechte Nachricht; die gute Nachricht aber ist, dass der britische und irische

Jugendsport, auch der Wettkampfsport, in der Schule stattfindet. Auch wenn die Palette der Sportarten begrenzt ist, kamen traditionell die Kinder früh in Kontakt mit dem Ernst des Konkurrierens und der Notwendigkeit von Respekt und *fair play.* (Die Vergangenheitsform *kamen* ist zu beachten, denn seit der Thatcherisierung des britischen Bildungssystem, die ab 1997 von Tony Blairs neoliberalem New Labour konsequent weitergeführt wurde, herrscht eher Konkurrenz ohne *fair play* auf allen Ebenen des schulischen Lebens: Notenfetischismus, Ligatabellen [!] für Schulen, Privatisierung von immer mehr Gymnasien gegenüber Verarmung und Verrohung staatlicher Innenstadtschulen).

Ein letzter Blick auf die Tartanbahnen: Nach den Olympischen Spielen 2012 in Ost-London wurde das zentrale Stadion zur Verfügung gestellt. Barry Hearn, Boss des lokalen Profivereins Leyton Orient, äußerte Interesse daran für seinen Club, bezeichnete aber den Stadionbau als »fehlerhaft« (*flawed*), da wegen der Leichtathletikbahn »für Fußball natürlich völlig ungeeignet«. Nun steigt aber der große Erstliga-Verein aus dem Osten, West Ham United, ein. Erste geplante Maßnahmen: die Absenkung des Spielfeldes und der Ersatz der Tartanbahn durch mehr Sitzplätze.

* * *

Leider mussten wir in der dritten Augustwoche unsere Heilbronner Zelte abbrechen, weil Anfang September die Schule wieder anfangen sollte. Hätten wir nur eine Woche länger bleiben können, wären wir bei der Geburt der Bundesliga am 24. August 1963 dabei gewesen. So schliddert man manchmal knapp an der großen Geschichte vorbei. Hätte hätte Viererkette.

Bei meiner Rückkehr nach Belfast beschloss ich im letzten Schuljahr, Deutsch als erste Fremdsprache zu nehmen und Germanistik statt Romanistik zu studieren. In der Schule lasen wir statt Racine und Baudelaire begeistert Heines *Wintermärchen*, *Die Harzreise* und *Die Nordsee*, *Die* (fast brandneue) *Blechtrommel* sowie natürlich Goethes *Werther.* Mein Auslandssemester verbrachte ich in Hamburg, wo ich kein einziges Mal beim HSV war, wohl aber mal am Millentor bei St. Pauli.

Es war nicht nur für meine kriegsgeschädigten Eltern und deren Generation schwierig, dass ich mich entschloss, nach Deutschland umzuziehen. Auch für viele Freunde und Bekannte meiner eigenen Generation, die wie ich mit Kriegsfilmen und anderen Klischees groß geworden waren, blieben Narben und Ressentiments bis in die siebziger Jahre. Den Heilbronner Sommer hatten sie alle als großes Abenteuer in der Höhle des Löwen akzeptiert, aber als meine Zukunft langsam Konturen annahm, wurde es ernster. Erst die schönen Berichte aus Hamburg weichten die Vorurteile auf. Meine Briefe drehten sich um den Star Club (wo ein Freund arbeitete und wo ich einmal Bass spielte), ums schöne Övelgönne-Viertel, aber auch um Gastfreundlichkeit, neue Horizonte, die Studentenbewegung und die Demos gegen den Schah von Persien. Besuche von irischen Freunden – mit Hafenrundfahrten, Blankenese, dem Turm vom Michel, Kneipen – dienten auch dazu, Stereotypen abzubauen. Was für mich persönlich den letzten Schub Richtung Deutschland brachte, war die Notwendigkeit, mit der brotlosen Promotion in Vergleichender Literaturwissenschaft eine Stelle zu finden.

Sieben Jahre nach Heilbronn stieß ich im Seminarraum der Germanisten in Belfast auf eine Annonce in der *Zeit*, die mein Leben grundlegend verändern sollte: ›Assistenzprofessoren an der neu gegründeten Universität Bremen gesucht‹. Trotz der sechs Monate in Hamburg lautete meine erste Frage: »Bremen? Wo ist denn Bremen?« Dann aber überlegte ich: »Ausland? Warum eigentlich nicht? Ein paar Jahre im Ausland – drei, vier, höchstens fünf – würden gut aussehen im akademischen Lebenslauf.« Daraus sind inzwischen vierzig geworden.

Einer der Gründe hierfür ist die schmuddelige, verschuldete, weltoffene, wertkonservative, widersprüchliche, chaotische und wegen alledem so liebenswerte Stadt Bremen selbst – und ihr größter Fußballverein.

Von Rugby nach Sparwasser

Wer mich mit meiner 1,75 Höhe als Erwachsenen kennt, findet es schwierig zu glauben, dass ich einst eine glorreiche, wenn auch äußerst kurze Karriere als begnadeter Torwart hatte. Mit neun Jahren war ich einer der größten in unserer Klasse. In Großbritannien und Irland läuft der Kindersport fast ausschließlich und mit bitterem Ernst in der Schule. Schon in der Grundschule wurde für Punkte und Pokale gespielt. Ich war als Torwart so auffällig, dass ich in der 5., also in der vorletzten Primarklasse, für die erste Mannschaft der Greenisland Primary School spielte. In den beiden Saisons meiner ersten Fußballkarriere waren wir immer unter den ersten drei der East Antrim Primary Schools League, im zweiten Jahr erreichten wir das Pokalendspiel, wo wir allerdings 16 zu etwas (null?, zwei?, drei?) verloren. Alle beteuerten mir gegenüber, dass die 16 Gegentreffer mit meiner Leistung nichts, aber absolut nichts zu tun hätten. Aber irgendwie dachte ich mir, es gäbe etwas Besseres als Torwart zu sein …

Dann kam ich als Vollstipendiat in ein Rugby-Gymnasium. »Inst«, wie der Kosename unserer 1815 gegründeten Schule hieß[1], verstand sich als was Besonderes. Zu viele Worte über diese schreckliche Zeit möchte ich nicht verlieren. Es genügt zu sagen, dass das Rugby-Spiel eine zentrale Komponente dieses Selbstverständnisses war und ist; alle Bälle sollten oval sein, und der runde, ja globale Fußball sollte nicht vorkommen – obwohl wir alle in allen Pausen nichts anderes als Soccer spielten[2]. Ich spielte Rugby sieben Jahre lang, weil ich es

1 Der volle Name lautet: The Royal Belfast Academical Institution.

2 In Deutschland wird das Wort Soccer als US-amerikanischer Begriff betrachtet, es ist aber eigentlich britischen Ursprungs. Um ihre Sportart, das, was sie als den echten, ursprünglichen football betrachten, gegen die neue Sportart des Gesindels zu schützen, erfand die Rugby-

eigentlich musste, aber ich habe es auch nicht nur geduldet, sondern hatte Ehrgeiz und Lust daran. Ich spielte entweder Gedrängehalb oder ganz vorne mitten drin Hakler[1], was im Britischen Englisch »Hooker« heißt, was meine amerikanischen Freunde sehr amüsiert, denn in den USA heißt »Hooker« Hure. Allerdings spielte ich nach meiner Hochschulreife nie wieder Rugby, und auf der Uni entdeckte ich den aktiven Fußball wieder. Höhepunkt meiner Laufbahn dort, inzwischen als Rechtsaußen, was meinen flinken Beinen und meiner Erwachsenenhöhe besser entsprach, waren mehrere Spiele gegen eine Mannschaft, in der der spätere Literatur-Nobelpreisträger Seamus Heaney spielte. Eine Geschichte illustriert diesen Ballkulturkampf im Gymnasium: Mein Mitschüler Richard Warburton hatte schon mit 16 einen Halbprofivertrag mit Glentoran FC, wo er als einer der schnellsten Flügelstürmer der Zeit galt und 1963 nordirischer Meister wurde. Er war auch gleichzeitig Kapitän der Ersten Rugby-Mannschaft der RBAI, und manchmal machte sich diese Doppelbelastung bemerkbar. Als er sich für ein Rugby-Auswärtsspiel der Schule an einem Samstag entschuldigte, weil er um 15 Uhr für Glentoran antreten musste, wurde er am Montag in das Schulleiter-Büro zitiert. Der Chef, ein in der Rugby-Geschichte getaufter und in der Rugby-Tradition eingeweichter Engländer, erklärte seinem Star-Schüler, dass ein solches Tauziehen schädlich sei für seine Schulkarriere und auch für sein Amt als Rugby-Kapitän. Er beendete seine Drohung mit der Frage: »Haben Sie verstanden, Warburton?« »Yes, sir.«, antwortete Richie und verließ das Büro. Er hat nie wieder Rugby für Inst gespielt.[2]

Gemeinde, die ihre große Liebe immer noch als Rugger bezeichnet, nach der Gründung der Football Association 1863 die Bezeichnung soccer (aus as**soc**iation). Der Begriff ist dann geblieben in Ländern, wo andere Fußballarten gespielt werden (z. B. Gaelic Football in Irland, American Football, Australian Rules).

1 Lieber Leser, ich hätte nie gedacht, dass ich die Übersetzung für diese Begriffe je brauchen würde, aber inzwischen hat Rugby in Deutschland fast den Popularitätsstatus vom Feldhockey erreicht.

2 http://www.footballdatabase.eu/football.joueurs.richard.warburton.222723.en.html.

Das Stadion des Glentoran FC im Osten Belfasts heißt ironischerweise »The Oval«. Hier ein Bild der ersten Mannschaft, RBAI, U16, 1961/62. In der Mitte der Schulleiter; suchen Sie den Autor!

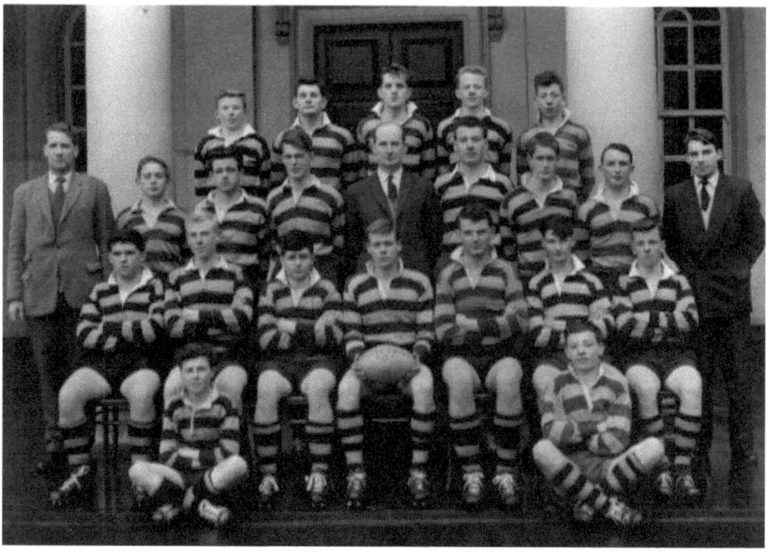

Ein Kreuzbandriss hat die Karriere dieses Flügelflitzers im Alter von 22 beendet. Richie starb 2010. Ich wurde nie Fan von Glentoran, denn bei den Crusaders in Nord-Belfast spielte mein Freund und Mitspieler aus der alten Grundschulmannschaft von Greenisland Primary, Alan McNeill. Um meinen Kumpel, damals noch 17, anzuspornen, stand ich oft schreiend im »soft rain«, dem einzigartigen nordirischen Nebel-Regen. Alan wurde von englischen Scouts geschnappt und ging über die Irische See, um dann für Middlesbrough, Huddersfield Town und Oldham Athletic zu spielen.[1] Unser Dorf, das an der Küste zwischen Belfast und Carrickfergus liegt, ist immer eine Hochburg des Fußballs gewesen. Unser Amateurverein, der Greenisland FC, spielte in bordeaurot und himmelblau, wie West Ham und Aston Villa. Leider wurde der Verein irgendwann in den

1 http://nifootball.blogspot.de/2009/01/alan-mcneill.html.

1980ern aufgelöst, als der Spielplatz als Bauland verkauft wurde, aber 1995 wurde er in der Nähe als Kinder- und Jugendclub neu gegründet.[1] Alan war der erste Junge aus dem Dorf, der es zum Profistatus brachte. Bei der Euro 2016 spielen nämlich für Nordirland drei Spieler, die ihre Ursprünge bei meinem Dorfverein Greenisland FC haben: Jonny Evans, sein Bruder Corry Evans sowie Craig Cathcart. Alle drei sind von Greenisland zunächst in die Fußballschule von Manchester United gegangen – die ganze Familie Evans ist mit nach England gezogen. Nur Verteidiger Jonny hat es zu regelmäßigen Auftritten bei United gebracht, aber alle drei spielen heute noch woanders in den oberen englischen Ligen.[2]

Mein erstes Länderspiel erlebte ich als 14-Jähriger in Belfast, wobei ich auch zum ersten Mal zwei meiner größten Helden von Manchester United spielen sah: Stürmer Bobby Charlton für England und im nordirischen Tor Harry Gregg, beide Überlebende der Münchner Flugzeugtragödie. Am 8. Oktober 1960 verlor Nordirland 2–5 gegen England. Zusammen mit 60.000 anderen erlebte ich all die großen Stars, die wir nur aus der Zeitung oder dem Radio kannten; also hatte ich gemischte Gefühlte, als mein Held Bobby zwei Tore erzielte. Durch die Irische See vom regelmäßigen Genuss des »richtigen« Profi-Fußballs getrennt, wuchs ich mit einer ferngesteuerten Begeisterung für Manchester United auf, einen Verein mit einer überdurchschnittlichen Zahl von nordirischen Spielern, weshalb auch die Farbe Rot eine Rolle im Folgenden spielt. Die traditionellen Farben von United sind rot-weiß-schwarz, die Negativfarbe von schwarz ist bekanntlich weiß, von rot (weniger bekannt) natürlich – grün. Werder und United sind mein fußballerisches Yin und Yang.

---

1 http://www.pitchero.com/clubs/greenislandfc.

2 Jonny, Jg. 1988, wechselte im Sommer 2015 zu West Bromwich Albion in Birmingham, Corry, Jg. 1990, spielt seit 2013 für Blackburn Rovers in der Championship, der zweiten Liga; und Craig Cathcart (Jg. 1989) ist im Sommer 2015 mit Watford FC in die Premier League aufstiegen und spielt dort neben Sebastian Prödl in der Abwehr.

Der Traum vom großen Fußball wurde aber erst wahr, als ich als Mittzwanziger nach Bremen kam, um die neu gegründete Universität mit aufzubauen.

Das mit dem grün-weiß ließ auch drei Jahre auf sich warten. Denn als ich nach Bremen kam, spielten die grün-weißen eigentlich in rot-weißen Streifen. Von der Stadt finanziell unterstützt, wurde der Verein dazu verpflichtet, die Spieler in den unbeliebten »Speckflaggentrikots« auflaufen zu lassen.

Im Laufe der siebziger Jahre war Werder zu einem Problem geworden. Der Verfall hatte zwei Gründe. Der erste war wieder ein Trikotwechsel: Dieses Mal liefen die Jungs für den Sponsor Norda-Fisch Bremerhaven in blau auf. Schlechtes Omen. Dann hörten 1978 zwei Giganten auf: Fastweltmeister Horst-Dieter Höttges; und mein erstes Bremer Idol, Werner Görts. Ein Jahr später Per Roentved (Fußballgott, wie man heute sagen würde). Meine Begeisterung für den Verein war anfangs ein Mittel, den Arbeitsstress zu vergessen. Aber wo ich in den ersten Bremer Jahren samstags versuchte, den Gremiennahkampf der Universität zu verdrängen, ging ich spätestens 1979 montags zur Arbeit, um Werder zu vergessen.

Parallel zu dieser Identifikation mit Werder fing ich auch an, mich für die deutsche Nationalmannschaft zu interessieren. Im Sommer 1974 mietete ich extra einen Fernseher und feierte die neuen Weltmeister bei einem Tanz mit den Nachbarn auf dem Buntentorsteinweg in der Bremer Neustadt. Aber ich muss zugeben, dass ich genau so lautstark das Tor des DDR-Stürmers Jürgen Sparwasser – welch ein perfekt realsozialistischer Name! – gegen die Bundesrepublik in Hamburg bejubelte. Kurzum: Es fing an, eine ernste Fraternisierung stattzufinden. Das war – und nicht nur was den Fußball betrifft – meine Hyperintegrationsphase: Ich wurde langsam deutscher als die Deutschen. Darüber hinaus wurde ich zunehmend verfangen im Tauziehen um meine Loyalität für britische und deutsche Vereine, etwas, was immer noch an die Oberfläche gespült wird, wenn ich mit Freunden aus beiden Ländern ein Champions League-Spiel zwischen englischen und deutschen Mannschaften ansehe. Die bittere Frucht des Exils reift im Kreuzfeuer der Ethnozentrizität.

Es wurde mir schnell zur Gewohnheit, mit meinem englischen Kollegen, dem Linguisten Richard Alexander, in der südwestlichen

Ecke der Westkurve zu stehen. Dort mussten wir immer den Kragen hochschlagen, denn der Wind zog uns kalt von der Weser her in den Nacken, auch im Frühling und Frühsommer. Richards Mannschaft zu Hause war und bleibt Leicester City[1], und er hatte nicht viel übrig für den Bundesligafußball von vor 45 Jahren. »Das nennen die in Deutschland Profifußball!«, schrie er regelmäßig und lachte hämisch. Der Bremer an sich lässt sich nicht so leicht provozieren, aber einmal drehte sich einer zu uns um und sagte: »Du laberst manchmal einen ganz schönen Scheiß zusammen!«

United (1974) und Werder (1980) sind beide abgestiegen. Der eine, um danach einer der mächtigsten Vereine Europas zu werden. Und Werder ...

Ja, auch für den SV Werder sollten die fetten Jahre kommen, wenn auch im bescheideneren Rahmen: Rehhagel, Rufer, Neubarth, Bratseth, Bode, Eilts, Ailton, Özil. Die Wunder von der Weser, Europacupsieg. Und Anderlecht ... In den neunziger Jahren verdoppelte sich meine Beziehung zum Verein, denn ich, der dichtende Jahreskarteninhaber, wurde nun auch zum Fußballvater eines Tor hütenden Werder-Sohns. Reisestrapazen, Gastfreundlichkeit und Heiserkeit prägen diese Jahre und wechseln sich ab mit Bewunderung für die Stars, die man nun auf dem Trainingsgelände traf – Namen, die kamen und gingen: Brand, Reck, Roembiak, Stalteri, Ailton, Diego ... Manche, wie Frings, Pizarro oder Borowski kamen zum Glück auch wieder. Nur einer blieb – fast – die ganze Zeit: Thomas Schaaf, der fast gleichzeitig mit mir nach Bremen gekommen ist.

---

1 Richard war stolz auf seinen damaligen Keeper Peter Shilton (125-mal England). City war damals eine Fahrstuhlmannschaft, gerade wieder frisch in die erste Liga aufgestiegen, aber mit einer stolzen Geschichte, die Spieler wie Gordon Banks (Wembley 1966) und Don Revie (später Europäischer Trainer des Jahres mit Leeds), und Gary Lineker aufweisen kann. Leicester bleibt zwar Fahrstuhlmeister, aber jetzt scheint alles anders zu werden. Nach dem erneuten Wiederaufstieg 2014 sind sie mit Coach Claudio Ranieri gerade Meister geworden. Torschützenkönig Jamie Vardy hat 2015 dreizehn Tore in elf aufeinanderfolgenden Spielen geschossen, neuer englischer Rekord.

Man misst das eigene Leben nach Meilensteinen und Stationen, die eine Vielfalt von Variationen bieten. Geburtstage natürlich, Kindergeburten, Jobwechsel ... Ältere Menschen schaffen es manchmal sogar, das Leben nach Krankheiten zu gliedern: »2009 war der Prostatakrebs, 2011 die Knie-OP.« Für Fußballfreunde mischen sich Spiele und/oder Turniere in dieses Absteckspiel ein. So bleibt für mich ein Geburtstag im Juli 1996 ewig in Erinnerung, weil ich als einziger Fan meines Freundeskreises das 3–0 Deutschland gegen Russland (ausgerechnet in meinem geliebten Old Trafford in Manchester) verpasst habe. Während die meisten Männer auf der Fete zum Fernsehen nach oben verschwanden, blieb ich als guter Gastgeber in überwiegend weiblicher Gesellschaft in der Küche bei Kaffee und Kuchen.

One team in Ireland | Die Anfänge

One team in Ireland, there's only one in Ireland
One team in Ireland, there's only one in Ireland
(zur Melodie von Guantanamera)

Die Irish Football Association IFA wurde im November 1880 im Belfaster Queen's Hotel gegründet und ist damit, nach England, Schottland und Wales, der viertälteste Fußballverband der Welt. Bis zur Trennung Irlands verwaltete die IFA von Belfast aus den Fußball auf der ganzen Insel, die bis 1922 gänzlich Teil des britischen Vereinigten Königsreichs war.

Wenn man berücksichtigt, dass die IFA über nur 25.000 angemeldete Fußballer verfügt, die sich über knapp 14.000 Quadratkilometer verteilen, kam man schon behaupten, wie die Webseite des Verbands selber, dass im Weltfußball Nordirland ein kleiner Gigant ist.[1] Dessen Hall of Fame nämlich enthält Giganten des englischen und des internationalen Fußballs.[2] Allen voran kommt George Best, der Belfaster Junge, den Pele 1969 als den größten Fußballer der Welt bezeichnete. Und nun 2016 spielt die nordirische Elf gegen Deutschland in der EM Gruppe B. Aber Nordirland hat, was wenige wissen, weitere wesentliche Beiträge zur Fußballgeschichte geleistet: nämlich den Elfmeter, die moderne Abseitsregel und das Flutlicht.

---

1 »Make no mistake about it, the Irish Football Association is one of the true giants of world football: »http://www.irishfa.com/the-ifa/about-the-ifa/.

2 Da wäre z.B. Danny Blanchflower, Kapitän der Tottenham Hotspurs, die 1961 als erster Verein seit 1894 das englische Liga- und Pokaldouble holten. Oder Pat Jennings, der ›zärtliche Riese‹ aus Newry, der zwanzig Jahre lang für Tottenham (472 Einsätze) und Arsenal (237) spielte und 119 Länderspiele für Nordirland verbuchte (das letzte mit 41 Jahren bei der WM 1986 gegen Brasilien) – einer der sechs besten Torhüter der FIFA-Geschichte.

1890 schrieb William McCrum, Torwart des Milford FC aus Armagh, einen Brief an die IFA, in dem er beim Foul vor dem Tor die Einführung dessen vorschlug, was er den *spot-kick* nannte. Der Vorschlag wurde zunächst vom Verband aus dem Missverständnis heraus abgelehnt, dass doch kein Spieler dazu ermutigt werden sollte, einen Gegenspieler absichtlich zu treten! Als McCrum dann erfolgreich klarmachen konnte, dass dabei der Ball und nicht der Gegenspieler aus zwölf Yards auf das Tor geschossen werden sollte, wurde ein Jahr später die Penalty-Regel durch den International Football Association Board, Vorläuferorganisation der FIFA, eingeführt.

1920 schlug der nordirische Nationalverteidiger Billy McCracken (Newcastle United) vor, die Abseitsregeln von 1863 bzw. 1866 (drei Verteidiger zwischen Angreifer und Tor) zwecks Attraktivität zu modernisieren. Die uns bekannte Regel wurde dann 1925 in England und anschließend international eingeführt. McCracken hatte diese Änderung beinahe regelrecht erzwungen, denn er praktizierte berüchtigterweise jahrelang die erste Abseitsfalle, indem er schnell und mit erhobenem Arm einen Schritt nach vorne lief.

Und es war McCrackens Belfaster Stammverein, Distillery FC, der am Donnerstag, 19. Dezember 1889 mit den gerade erfundenen Lucigen Lights – durch Kohlenwasserstoffdestillate hergestellte Pressluft als Flamme – das erste irische Fußballspiel unter Flutlicht veranstaltete. Distillery gewann 7–0.

Last but not least war ich bei einem weiteren nordirischen Fußballnovum persönlich dabei. Am 13. September 1967 war ich im Belfaster Stadion »The Oval«, als der Glentoran FC im Pokal der Landesmeister den renommierten portugiesischen Club Benfica beinahe schlug. Die Glens führten früh, aber ein grandioses Tor von Eusébio brachte den späten Ausgleich. Alle gingen davon aus, dass die Glens beim Rückspiel kläglich untergehen würden, aber sie verteidigten nur und erzwangen in Lissabon ein 0–0. Und so ist eine nordirische Mannschaft als erste durch die damals brandneue UEFA-Regel ausgeschieden, nach der beim Unentschieden nach Hin- und Rückspiel die Auswärtstore doppelt zählen.

Die IFA haust übrigens in Windsor Avenue, Süd-Belfast, in der ehemaligen Villa des Titanic-Bauers Thomas Andrews, der 1912 mit seinem Schiff unterging. Wenn das keine Symbolik trägt …

Bremen am Lagan

Meine Heimatstadt, die Heimatstadt übrigens auch der Hollywood-Stars Liam Neeson, Stephen Rea, Kenneth Branagh und Jamie Dornan (*Fifty Shades of Grey*, *The Fall: Mord in Belfast*), ist in der Tat ein hartes Pflaster. Der Sänger Van Morrison, auch ein Sohn Belfasts, nennt sie eine *rock'n'roll city*: kantig, grantig, unbequem, gewalttätig. Der gälische Name *Béal Feirste* (engl. Flussmündung und sandige Furt) deutet auf die bescheidenen Ursprünge am Fluss Lagan hin. Im siebzehnten Jahrhundert war Belfast – nur ein paar Kilometer vom wichtigen mittelalterlichen Militärstützpunkt Carrickfergus entfernt – lediglich ein befestigtes Dorf, aus dem im Laufe der Industrialisierung eine Stadt wuchs. Im achtzehnten Jahrhundert wurde sie langsam zum Ein- und Ausfuhrhafen für die Rohstoffe bzw. die Produkte der im Lagantal gelegenen und mehrheitlich von französischen Hugenotten betriebenen Leinenmanufakturen. Dafür wurde der Hafen immer größer ausgebaut, Bau- und Reparaturwerften wurden immer notwendiger. Der Standort erwies sich schließlich als Geschenk des Himmels für den entstehenden industriellen Schiffbau. Umgeben von Bergen, liegt Belfast nämlich an jener Stelle, wo der Lagan in ein Lough, in einen langen, tiefen, windgeschützten Meeresarm fließt. Dort wurde die *Titanic*, der größte, teuerste und als unsinkbar geltende Luxusdampfer, gebaut und 1912 vom Stapel gelassen. Und dort steht noch immer – auch wenn heute Ölbohrinseln statt Schiffe gebaut werden – das größte Trockendock der Welt, neben den riesigen, von Krupp gebauten Goliath-Kränen, die das Stadtbild prägen. Eine weitere, vielleicht wesentlichere Verbindung der Werft zu Deutschland besteht durch den Mann, der ab 1861 erst als Angestellter und dann von 1888 bis 1906 als Partner von Edward Harland arbeitete: der Hamburger technische Zeichner Gustav Wilhelm Wolff (1834–1913). Und nicht zuletzt war es die Werft, neben dem Nachbarbetrieb, dem Flugzeugwerk Short Brothers (heute Bombardier), die das Hauptziel des deutschen Blitzkriegs im April/Mai 1941 war, den meine Mutter beobachtete. Belfast wurde zum Maschinenraum, der die summenden Räder der industriellen Revolution in Ulster antrieb: Die von Hugenottenflüchtlingen geführten Textilbetriebe[1], Seilereien, Metallbetriebe, Tabak- und Lebensmittelverarbeitung, Tee- und Kaffeeimport, Flugzeugbau – und die Werft. Bremen am Lagan. Von den insgesamt 15.000 Beschäftigten der Werft Harland and Wolff bauten über 3.000 an der Titanic. Unter ihnen war 1911 mein Großvater, der Maschinenschlosser Stuart Watson.

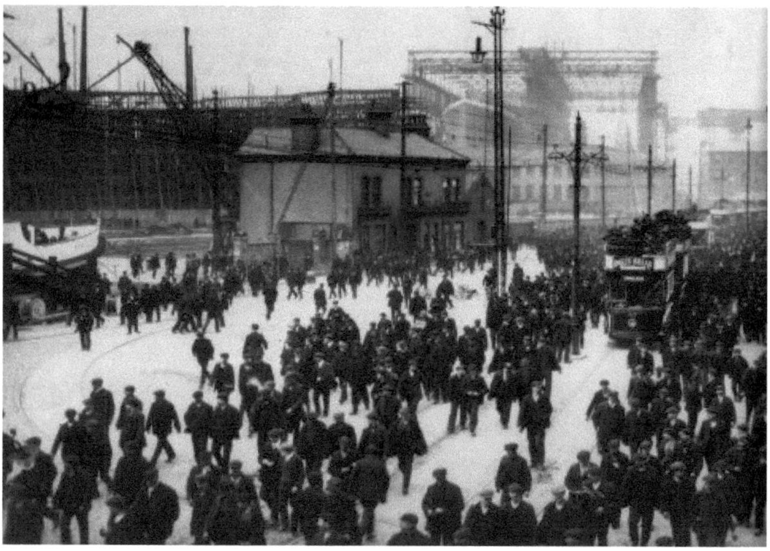

Feierabend: Werftarbeiter verlassen ihren Arbeitsplatz an der Queens Road, Belfast, Frühjahr 1911, im Hintergrund die RMS Titanic.[2]

---

1 »Eine größere Zahl von Hugenotten kam auch an die Weser … Wollhändler und Tuchfabrikanten, Kaufleute, Handschuhmacher«. Herbert Schwarzwälder. *Großes Bremen-Lexikon.* Bremen 2003, Band 1, S 416.

2 Foto aus Michael McCaughan, *The Birth of the Titanic.* Belfast: Blackstaff Press 1998, S. 4.

Ich habe mir immer vorgestellt, dass unter den abgebildeten Arbeitern mein Großvater Stuart zu sehen sei. Ursprünglich in der Lokomotivenwerkstatt der Bahn tätig, wurde er – wie viele andere Metallfacharbeiter Belfasts – von der Werft zum Schiffbau abgeworben. Dieses massive *head-hunting* war übrigens sehr nötig, denn die beiden Hubkolbenmotoren der *Titanic* – mit einer Antriebsleistung von ungefähr 60.000 PS – wurden von 29 Kesseln mit 159 Feuerungen betrieben.

Nur ein schweres Fieber bewahrte meinen Großvater davor, mit der *Titanic* auf Jungfernfahrt zu gehen – wie auch übrigens den Aufsichtsratsvorsitzenden der Werft, William James Pirrie. Das Loch, das der Eisberg in den Rumpf der *Titanic* riss, befand sich genau in Höhe des Kesselraums, wo die Heizer und Maschinenschlosser – darunter auch diejenigen von der Harland and Wolff-Werft – ihren Dienst taten. Fast gehörte Stuart Watson zur *guarantee group*, einem Team von Experten, die während der Fahrt Reparaturen durchführen und andere Auffälligkeiten protokollieren sollten. Außer dem Belfaster Schiffsarchitekten Thomas Andrews, der die *Titanic* entworfen hatte und die *guarantee group* leitete, starben acht Werftarbeiter (davon vier junge Lehrlinge, die mit meinem Großvater befreundet waren) sowie dreizehn weitere Belfaster, die der Besatzung angehörten.[1] Als Kind habe ich mit »Gandan« Stuart die Tafel zum ersten Mal besichtigt.

Manchmal wiederholt sich die Geschichte: All diese Informationen erhielt ich von meinem Großvater 1969, als ich ihm davon erzählte, dass ich wegen einer fiebrigen Grippe daran gehindert worden war, am historischen Bürgerrechtsmarsch der People's Democracy zwischen Belfast und Derry teilzunehmen. Der Marsch, der am Neujahrstag startete, wurde bekanntlich am 4. Januar 1969 von loyalistischen Anhängern Ian Paisleys, darunter Polizisten in Zivil, mit Stöcken, Eisenstangen, Flaschen und Steinen aus dem Hinterhalt überfallen.

---

1 Heute erinnert in Belfast eine Gedenktafel an die *guarantee group* und die anderen örtlichen Opfer. Einer der Lehrlinge hieß sogar Watson, war aber mit meinem Großvater nicht verwandt.

Abends wurde ich durch das Klingeln aus dem Krankenbett in Belfast geholt, als meine Freunde blutüberströmt und traumatisiert nach Hause kamen. Aber mein Großvater war pro-britischer Unionist und hielt sowieso nichts von unserem Marsch.

Die Geschichte der großen Werft ist ein Mikrokosmos der Geschichte der Stadt, nicht nur in wirtschaftlicher Hinsicht, sondern auch in Bezug auf die ethnisch-religiösen Probleme in der Provinz. Als 1920 die Spannung in ganz Irland stieg und im Norden die antinationalistische (unionistische) Bewegung sich politisch und militärisch formierte, um ironischerweise gegen Großbritannien zu kämpfen, um britisch zu bleiben, fanden pogromartige Straßenkämpfe statt. Im Rahmen eines solchen Krawalls wurden alle römisch-katholischen Werftarbeiter vom Werksgelände gejagt. Manche wurden von den Schiffsrümpfen heruntergeworfen und mussten um ihr Leben schwimmen. Seitdem galt die Werft als eine Hochburg des Unionismus: Wolff und Harland waren beide unionistische Abgeordnete im Parlament in Westminster; Harland war auch unionistischer Oberbürgermeister von Belfast. Nur Pirrie als Liberaler unterstützte den 1912er Gesetzesentwurf für die irische Autonomie und wurde in Belfast trotz seiner Popularität als *Titanic*-Bauer regelmäßig Morddrohungen ausgesetzt. Seitdem galten die *shipyards* und die um die Werft liegenden Arbeiterwohnviertel Ost-Belfasts auch als Brutstätte der loyalistischen Terroristen.

Obwohl sehr früh industrialisiert, ist der Norden Irlands ein fruchtbares grünes Landwirtschaftsgebiet mit einer boomenden Milch-, Käse- und Butterproduktion – übrigens immer noch BSE-frei – geblieben. Die Landschaft – vor allem die nördliche Atlantikküste von County Antrim (nur eine Fahrradtour von unserer Partner-Uni entfernt) – gehört zur wildesten und spektakulärsten Europas. Die französischen Hugenotten, die die Leinenindustrie im Lagantal vor Jahrhunderten nach Ulster gezogen hatte, waren – wie ihre Bremer Pendants – mit einer ausgeprägten protestantischen Arbeitsethik und einer starken Freiheitsliebe ausgestattet. Viele Nordiren – vor allem katholische Nationalisten – wissen nicht mehr oder verdrängen die Tatsache, dass es weitgehend nordirische Protestanten – Presbyterianer – waren, die im Oktober 1791 in Anlehnung an die französische Revolution in Belfast die Society of United Irishmen gründeten und 1798 zum ersten Mal Freiheit für das irische Volk proklamierten. Allerdings: Aus dieser protestantischen demokratischen Standhaftigkeit ist jetzt die rückwärtsgewandte Kompromisslosigkeit der Loyalisten heute geworden – *No Surrender, Not an Inch*: wir gegen den Rest der Welt – die Schattenseite dieses einst fortschrittlichen historischen Hintergrunds. Aus diesem Schmelztiegel entstand eine reiche Kultur. Unter den kulturell bedeutsamen Söhnen und Töchtern Belfasts befinden sich, neben den schon erwähnten, unter anderem: die Schriftsteller C. S. Lewis (*Narnia*), Bernard Mac Laverty (*Cal*), Louis MacNeice und Brian Moore; Musiker wie Gary Moore, Derek Bell von den Chieftains oder Flötist James Galway (übrigens einst erster Flötist der Berliner Philharmoniker unter Karajan). Hier ging die Sängerin Katie Melua zur Schule, hier studierte, schrieb und lehrte jahrelang Seamus Heaney, Nobelpreisträger für Literatur 1995; hier unterrichtete 1927/1928 der junge Lehrer und spätere Nobelpreisträger für Literatur (1969) Samuel Beckett – bis er allerdings von der ausgeprägten protestantischen Arbeitsethik so angeekelt war, dass er es vorzog, in die Heimat der Hugenotten zu fliehen, wo er in Paris einen anderen großen irischen Schriftsteller kennenlernte: James Joyce, dessen Privatsekretär er wurde.

Meine erste Heimat mit ihrem schlechten Ruf war für mich nie ein Problem, auch wenn ich mir als Mitglied der Studenten- und Bürgerrechtsbewegung öfter Sorgen um meine Gesundheit machen musste. Denn Belfast teilt die raue Dynamik und die lebensbejahende Kraft von Städten wie Essen, Dortmund, Rotterdam, Liverpool, Manchester oder Glasgow. Es ist kein Zufall, dass diese alle große Fußballstädte sind – oder waren.

Die Lieder, die man singt | *Danny Boy*

Oh, Danny boy, the pipes, the pipes are calling,
From glen to glen and down the mountainside.
The summer's gone and all the roses falling;
'Tis you 'tis you must go and I must bide.
But come ye back when summer's in the meadow,
Or when the valley's hushed and white with snow,
And I'll be there in sunshine or in shadow,
Oh, Danny boy, oh, Danny boy I love you so.
And when you come
And all the flowers are dying,
If I am dead – as dead I well may be –
Ye'll come and find a place where I am lying
And kneel and say an Ave there for me ...

Die Lieder, die man singt, verbinden. Die Lieder, die man in Nordirland singt, trennen. Außer *My Way* oder *Every Step you Take* oder *Country Roads* – d.h. außer den Liedern, die man freitags abends parallel, aber getrennt in jeder loyalistischen oder republikanischen Eckkneipe Belfasts hören kann, ist das individuelle Liedgut stark von der kulturell-religiös-politischen Zugehörigkeit geprägt. Die Republikaner feiern (merkwürdigerweise oft blonde, blauäugige) Nationalhelden und Märtyrer wie Roddy McCorley oder Kelly the Boy from Killane. Die Loyalisten besingen königlich-protestantische Siege wie den am Fluss Boyne (1690) oder – wie im Lied *We'll Guard Old Derry's Walls* – die Belagerung der damals überwiegend protestantischen Stadt Londonderry 1689 durch den entthronten katholischen König James II und die Befreiung durch seinen protestantischen Nachfolger, den Oranier William III. Helden dieser Legende sind die Lehrlinge der Stadt, die *apprentice boys*, die die Stadttore geschlossen hielten.

Die nordirische Nationalmannschaft, die sich größtenteils aus Legionären in den englischen Ligen rekrutierte, d.h. aus katholischen und protestantischen Spielern, die weit entfernt vom Alltag der Heimat nicht mehr unter dem Druck der sektiererischen Spaltung lebten, hat sich immer traditionsgemäß vom Atavismus distanziert. Trotzdem wurde sie – außer zu den großen Erfolgszeiten – von den nationalistisch-republikanischen Fans im Norden weitgehend boykottiert – schließlich ist sie die Auswahl eines Staats, den sie nicht anerkennen.

In dieses Vakuum stürzen sich umso begeisterter die rot-weiß-blauen Loyalisten. Hinzu kommt, dass das »Nationalstadion« Windsor Park ja auch das Heimstadion von Linfield FC ist. Bei Länderspielen in Belfast trägt niemand – trotz der Trikotfarbe der Mannschaft – grün. Und bei Spielen gegen England, Schottland oder Wales wird die Gastmannschaft mit einem Meer von britischen Nationalfahnen und dem loyalistischen Liedgut willkommen geheißen. Ironischerweise ist *We'll Guard Old Derry's Walls*, ein Liebling aus dem Repertoire, im restlichen Britannien mit dem Text *God Bless the Prince of Wales* bekannt, so dass sich die in rot auftretenden Waliser, anstatt sich durch einen Einschüchterungschor bedroht zu fühlen, besonders wohl fühlen, wenn die Railway-Stand-Kurve ihre Stimme erhebt.

Eine Ausnahme zur Lied-Apartheid bildet *Danny Boy*, ein Schlager aus dem Anfang des 20. Jahrhunderts, der zur alten traditionellen Volksmelodie *The Londonderry Air* gesungen wird. Dieses Abschiedslied weckt die Heimatgefühle besonders derjenigen Irisch-Amerikaner, die Irland nie gesehen haben. 1958 erreichte das Lied aber Kultstatus in Nordirland. Damals bei der Weltmeisterschaft in Schweden waren nämlich alle vier britischen Nationalmannschaften vertreten, und so beschlossen die Verbände gemeinsam, dass jede Mannschaft ihre eigene regionale Hymne erhalten sollte: *Land of Hope and Glory* für die Engländer; *Scotland the Brave*; *Men of Harlech* für Wales; und für Nordirland *Danny Boy* – ein Lied, das auch noch den Namen des Mannschaftskapitäns Danny Blanchflower im Titel trug. Als Elfjähriger klebte ich am Abend des Viertelfinales am Radio, und so hat bis heute diese Heimatschnulze auch auf mich den vom Komponisten hart erarbeiteten Kloß-im-Hals-Effekt.

Eine schlechte Nachricht

Manchmal holt einen unerwarteterweise das Heimweh ein, wie damals am Abend des 9. Dezember 1993, als ich britisches Radio hörte, damals noch auf Langwelle. Als ich nämlich, allein in der Küche in Deutschland, aus den BBC-Nachrichten erfuhr, dass einer meiner großen Kindheitshelden, der Kapitän unserer damaligen Nationalmannschaft Danny Blanchflower, gestorben sei, gab es niemanden um mich herum, dem ich das hätte weitererzählen können. Er starb erst 67-jährig an Alzheimer und Parkinson.

Homesick

I never looked on life abroad
as exile or as hell –[1]
till the night that Danny Blanchflower died;
there was nobody here to tell.

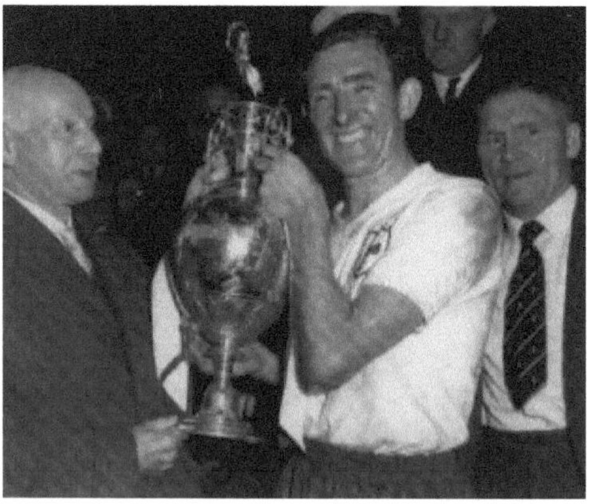

29. April 1961.
Danny Blanchflower bekommt den Pokal der englischen Meisterschaft überreicht. Tottenham Hotspur gewann 1961 als erster Verein im zwanzigsten Jahrhundert das englische Double. Rechts Trainer Bill Nicholson.

1 Ich betrachtete das Leben im Ausland nie als Exil oder Hölle, bis …

Gleicher Ball, andere Regeln

Der Fußball hat in Irland ernsthafte Konkurrenz, denn die traditionellen gälischen Mannschaftssportarten wie Hurling und Gaelic Football sind in einem nationalen Verband, der 1884 gegründeten Gaelic Athletic Association, vereint, die von Anfang an eine bewusst politisch-kulturelle Rolle im Kampf um die irische Unabhängigkeit spielen sollte (www.gaa.ie). Die GAA verurteilte mitunter den Fußball als englisch-koloniale Vergiftung, als *garrison game* (Spiel aus den britischen Kasernen), und schloss aus ihren Reihen Mitglieder der Polizei und der britischen Streitkräfte ebenso aus wie alle jungen Männer, die dabei erwischt wurden, Fußball zu spielen. Diese Sportarten genossen unter der mehrheitlich katholischen und ländlichen Bevölkerung Irlands immense Popularität, die heute noch bei aller gesellschaftlichen Modernisierung weiter besteht: Zum gälischen Fußballfinale in Dublin kommen in jedem Spätsommer, egal, wer spielt und trotz der Live-Übertragung im Fernsehen, immer über 80.000 Zuschauer ins Croke Park Stadion. Bis heute haben sich die Gaelic-Spielarten übrigens trotz Medieninteresse, Merchandising, Sponsoring (Guinness, Bank of Ireland, Allianz-Versicherung) und zunehmenden Zuschauerzahlen auf nationaler Ebene ihren reinen Amateurstatus erhalten.

So blieb im 19. Jahrhundert der Fußball überwiegend eine Angelegenheit der mehrheitlich protestantischen Industriearbeiter aus dem Norden. Es herrschte daher immer der Eindruck unter den Fußball-Clubs außerhalb des Gebiets von Belfast, die Irish Football Association würde die nördlichen, protestantischen Vereine bevorzugen, insbesondere ab 1882 bei der Auswahl für die irische Nationalmannschaft. Die regionalen Verbände der drei südlichen Provinzen drohten ständig, sich abzuspalten. Diese Situation wurde durch die politischen Entwicklungen der irisch-nationalen Befreiungsbewegung vor und nach dem nationalistischen Dubliner Osteraufstand 1916 verschärft. Die endgültige Krise kam 1921, als drei führende Vereine im Süden – Bohemians, St. James's Gate und Shelbourne – sich zunächst aus der

Irish League zurückzogen, obwohl sie im Pokalwettbewerb weiterspielten. Als dann die IFA im Juni 1921 ihr Versprechen nicht einhielt, die Wiederholung des Pokalendspiels zwischen dem Nordverein Glenavon FC und dem Dubliner Shelbourne FC in Dublin stattfinden zu lassen, weigerten sich die Shelbourner, nach Belfast zu fahren, und verzichteten somit auf den Pokal. Im selben Jahr gründeten die südlichen Vereine und Provinzverbände ihren eigenen Verband, die Football Association of the Irish Free State (FAIFS). Das Trennungsabkommen und damit die Gründung des Staates Nordirland besiegelte den Riss. Die FAIFS wurde von den britischen Nationalverbänden, inklusive natürlich der IFA, boykottiert, aber international gab es für den neuen jungen Verband Verbündete wie Frankreich, das schon 1923 eine Auswahl nach Dublin schickte. Im selben Jahr wurde dann die FAIFS, später (und bis heute) Football Association of Ireland (FAI), in die FIFA aufgenommen.

Die Belfaster IFA hat sich nachher nie umbenannt, sondern trägt immer noch den Namen **Irish** Football Association – die alte Deutsche Reichsbahn der DDR lässt grüßen. Bis 1950 haben die beiden rivalisierenden Verbände in gegenseitiger Nichtanerkennung Spieler aus der ganzen Insel rekrutiert, bis die FIFA eingriff und die Lage – wie sie meinte – endgültig regelte. Da aber die irische Republik alle auf der Insel lebenden Iren immer noch als ihre eigenen bezeichnet, sollte dies nicht so einfach zu regeln bleiben. Im Irischen Freistaat (ab 1949 Republik Irland, seit dieser Zeit heißt die Nationalmannschaft auch offiziell Republic of Ireland) konkurrierte der Fußball immer noch mit den nationalen Ballspielen, aber im Zeitalter des globalen Fernsehens sollte sich die Situation ändern. Die TV-Übertragung englischer Ligaspiele mit irischen Stars wie Johnny Giles (Leeds United) leistete ihren Beitrag zur Popularität von *soccer*, wie er in der Republik noch bevorzugt genannt wird. In den 1970er Jahren wurden zudem von der FAI die Voraussetzungen zur Spielberechtigung so gelockert, dass viele eigentlich »englische« Spieler mit einem irischen Elternteil – der Liverpooler Steve Heighway, Paul McGrath, der Italo-Londoner Tony Cascarino etwa – begannen, für (Groß-) Mutter Irland zu spielen.

In den siebziger Jahren fiel der FAI eine geniale Regelung ein, die es den Liga-Klubs erlaubte, ausländische Stars für kurze Gastspiele auch bei Punktspielen zu engagieren, um die Popularität der Sportart zu fördern und die bis dato bescheidenen Zuschauerzahlen zu erhöhen. Natürlich ging es aus Vertragsgründen meistens um Alt-Stars, darunter ein berühmter Deutscher. Haben Sie gewusst, dass sogar Uwe Seeler für Cork Celtic gespielt hat? »Auf Bitten des Sportartikelherstellers Adidas, mit dem er beruflich in Verbindung stand, bestritt er am 23. April 1978 ein Gastspiel beim Cork Celtic in der ersten irischen Liga. Seeler war nach eigenen Angaben nicht bewusst, dass es sich dabei um ein Punktspiel handelte, weil ihm nicht bekannt war, dass in der irischen Liga auch für Punktspiele Gastspieler angemeldet werden konnten. Bei der 2–6-Niederlage gegen die Shamrock Rovers erzielte er beide Tore.«[1] Auch wenn der Vereinsfußball im Lande zweitklassig bleibt, gilt spätestens seit Mitte der 80er Jahre die irische Nationalmannschaft mit ihren bekannten England- oder Italien-Legionären wie Liam Brady, Denis Irwin, John Aldridge, Roy Keane, Robbie Keane oder Damien Duff als international interessant. 1986 wurde als Trainer der nordostenglische Haudegen und Weltmeister von 1966 Jack Charlton angeheuert, und auf die Jahre im »Wilderness 1969–1985« folgten dann »The Charlton years (1986–1995)«,[2] mit mehreren Höhepunkten, die inzwischen in den Köpfen südlich von Belfast fest verankert sind. Bei der EM 1988 in Deutschland sowie der WM 1990 in Italien und 1994 in den USA konnte sie große Erfolge verbuchen, darunter vor allem einen Sieg gegen die ehemalige Kolonialmacht England.

Für die EM 2016 qualifizierte sich die Republik Irland als Dritter der Gruppe D hinter Deutschland und Polen.

* * *

1 »Uwe Seeler«, Wikipedia Deutsch.
2 »Republic of Ireland national football team«, Wikipedia Englisch.

Aber zurück zum Norden: Das provinzielle Dream-Team der kleinen Nicht-Nation Nordirland[1] (übrigens immer noch als Ireland bezeichnet) erreichte 1958 das Viertelfinale der Weltmeisterschaft. Auf dem Weg dahin schlug es Italien in der Qualifikation und wurde Zweiter nach Deutschland (bei einem 2–2 gegen den 1954er Weltmeister) in der stärksten Gruppe. Letztendlich schied Nordirland 4–0 gegen Frankreich nur deswegen aus, weil der Torhüter Harry Gregg – zu einer Zeit, in der es keine Auswechselungen gab – mit einer gebrochenen Hand weiterspielen musste. 1982/83 schlugen die Nordiren Deutschland sogar gleich zweimal bei der EM-Qualifikation, wurden punktgleich mit Deutschland Zweiter, konnten sich aber trotzdem nicht qualifizieren. Und, wie gesagt, für die EM 2016 qualifizierte sich Nordirland als Erster der Gruppe F.

So enden die impliziten Vergleiche mit der Hamburger Landesauswahl. Die feuchtwindige Provinz nenne ich aus alter, fauler Gewohnheit *Northern Ireland*. Für viele meiner Freunde, die anders, sprich irisch-nationalistisch aufgewachsen sind, heißt sie *the Six Counties* oder bloß *the North*. Denn sie so oder so zu nennen, heißt, seine Stammeswurzeln, seine Erziehung, ja vielleicht seine politisch-religiöse Treue und Zugehörigkeit zu verraten. Nur wenn ich nach Hause telefoniere, nehme ich darauf Rücksicht, welche Bezeichnung ich benutze, je nachdem, ob ich mit alten Weggefährten aus der Bürgerrechtsbewegung oder mit meiner immer noch unionistischen Familie rede.

1 Da Nordirland kein Staat ist, ist es als Land für die Olympischen Spiele nicht qualifiziert. Athleten und Athletinnen aus der Provinz treten für die britische Mannschaft an, die fälschlicherweise als »Team GB« statt »Team UK« bezeichnet wird.

Grannys Dolmetscher

Kaum sind die Kontaktlinsen eingesetzt
morgens nach dem Aufstehen,
ziehe ich mein zweites Selbst wie eine Jacke an.
Meine Tochter ruft nach mir und weiß von alledem nichts:
Ihr Vater kann ihr nicht fremd sein.

Meine Muttersprache hör ich plötzlich
mittags in der Bahnhofstraße
und ich ziehe das erste Selbst wie ein Klappmesser
aus meiner Hosentasche raus;
verirrten Landsleuten biet ich Fremdenführerhilfe an.
You certainly know your way around –
how long have you been … ?[1]

Abends bin ich Grannys Dolmetscher.
Mit einem heißen Ohr am Telefon geklebt
erzähle ich aus zweiter Hand
von Fußball, Ghostbusters, Batman-Masken,
Köpper machen, Schwimm- und Trommelunterricht:
Ich übersetze meinen Sohn für meine Mutter.

Muttersprache: Muttermilch;
mein Lied gerinnt zu Buttermilch.

1 »Sie kennen sich hier offensichtlich gut aus. Wie lange sind Sie …?«

Am Stammtisch bei Gerken
wird über die Ulster-Troubles disputiert.
Wie kann es angehen im 20. Jahrhundert
– fragt mich kopfschüttelnd einer am Tisch –
dass die Menschen sich die Köpfe einschlagen wegen Religion?
Ich seufze in mein Haake-Beck hinein.

Im Jordanstown Inn bei Belfast
erzähl ich vom Abriss der Berliner Mauer.
Wie seht Ihr in Deutschland, fragt mich ein Schulfreund,
die Zukunft Europas?
Ich friere und starre in mein Guinness hinein,
das merkwürdig nach Verrat schmeckt.

Aus jedem Auslandskorrespondent
wird schleichenderweise ein Doppelagent.

Am Tag, wo ich beim Besuch zu Hause
meiner Mutter aus Versehen sagte,
wir würden in drei Tagen »heimfahren«,
fing auch sie an, in meinen Träumen Deutsch zu reden.

Nicht Halbe-Halbe | Parallel Lives

Ich übersetze meinen Sohn für meine Mutter. Es mag einerseits traurig sein, bei familiären Ferngesprächen den Dolmetscher zu spielen oder »zu Hause« festzustellen, dass man den Draht zu Jugendfreunden verloren hat, die ihre kleine Provinz nie verlassen haben. Aber andererseits hat bei diesem Tauziehen der Fußball immer eine verbindende Rolle gespielt. Für den kleinen Bremer Jungen etwa, der in einem öden Belfaster Vorstadtdorf als Torwart glänzen konnte. (Einer der ersten englischen Sätze, die sich unser Sohn einprägte, war: *Can Peter come out to play?*) Oder für meinen Vetter Alistair, der einmal im Jahr aus Belfast nach Bremen fliegt, um Werder spielen zu sehen und 1995 vor dem UEFA-Cup-Spiel gegen Glenavon am Belfaster Trainingsplatz von Kapitän Beiersdorfer und der Werder-Mannschaft als nordirischer Butenbremer so warmherzig aufgenommen wurde. Die Iren aus dem Norden und aus dem Süden fliegen viel, denn wir haben Verwandte überall. Vor Jahren behauptete die irische Sängerin Mary Black: »Egal, wo ich auftrete, da ist immer jemand von zu Hause im Publikum – auch in China.«[1]

Migranten sind keine gespaltenen Persönlichkeiten. Statt *fifty-fifty* sind wir eher zweimal hundert Prozent, denn wir leben nicht zwischen, sondern in und auch für zwei Kulturen. Wir passen uns an, wir bauen unser zweites Zuhause selber, wir leben hauptsächlich hier und manchmal auch dort – aber äußerst selten dazwischen. Wie die irische Präsidentin Mary Robinson schon 1995 betonte:

Emigration is not just a chronicle of sorrow and regret. It is also a powerful story of contribution and adaptation.

1 Im Interview mit Radio Bremen Fernsehen, zu sehen im Dokumentarfilm *Cool to be Celtic* von Marcus Behrens und Ian Watson (Radio Bremen/arte 1999).

– die Auswanderung sei nicht nur eine Chronik der Trauer und des Bedauerns, sondern auch eine kraftvolle Geschichte des Mitwirkens und der Anpassung.[1]

Das Tauziehen ist ein Bewegungsspiel, bei dem man nicht loslassen darf. Es ist ein Spiel, das die Auswärtsmannschaft, die richtig festhält, nie verlieren kann, denn:

... haben beide Mannschaften in den zwei Spielen gleich viele Tore erzielt, ist diejenige Mannschaft für die nächste Runde qualifiziert, die mehr Auswärtstore erzielt hat. (Regularien des UEFA-Pokals, Artikel V, §5.01)

In der deutschen Nationalmannschaft spielten schon 2011 regelmäßig nicht nur ein geborener Brasilianer und zwei Mittelfeldspieler mit türkischen sowie ein Dribbler mit kroatischen Eltern, sondern auch drei Spieler – Klose, Podolski, Trochowsky – die in Polen geboren wurden. Wiederum spielt der »deutsche« ex-Bremer Boehnisch inzwischen für Polen.

Ist das neu? Keineswegs: Deutschland ist seit fast zwei Jahrhunderten ein Einwanderungsland. Vor etlichen Jahren hat der nordrhein-westfälische Landesbeauftragte für Integration (ein SPD-Politiker, dessen Namen ich leider vergessen habe) das Handtuch geworfen. Er trete zurück, meinte er, weil er es satt habe, auf öffentlichen Diskussionsrunden ausländerfeindliche Parolen von Leuten zu hören, die sich nachher als »Dabrowsky« oder »Wischnewsky« vorgestellt haben. (Hmm – »Er trete zurück«: Ist denn die Verwendung des Konjunktivs der letzte Beweis der totalen Assimilation? Sollte es vielleicht in den Eignungstest für Deutschlandaspiranten aufgenommen werden?) Und haben Sie denn den Werder-Kapitän und deutschen Nationalspieler Mirko Votava vergessen – ein Prager mit Adler auf der Brust? Aber die Tradition geht noch weiter zurück auf andere deutsche Fußballhelden, deren Großväter bestimmt nicht im Ruhrpott oder am Main geboren wurden. Dazu ein kleines Gedicht:

1 Rede im irischen Parlament am 2. Februar 1995 im Rahmen einer Feier anlässlich der 150-jährigen Gedenkfeier des Großen Hungers, des Great Famine von 1845–1848.

Einwurf

Turek
Tilkowski
Burdenski
Kwiatkowski

Grabowski
Libuda
Littbarski

Wenn Deutschland kein
Einwanderungsland ist,
hätte man schon längst
vor Özil und Poldi,
Khedira und Klose
ein paar Pokale zurück-
geben müssen.

Ich bin, wie Claudio Pizarro (ja gut, *fast* wie Claudio Pizarro), ein privilegierter Einwanderer, die wandelnde, konjunktivierende Integration.

Der Hungertod und die lange Überfahrt

Einer informierten deutschen Öffentlichkeit muss man *The Great Famine*, den Grossen Hunger in Irland nach 1845, sicherlich nicht erklären. Diese menschliche Katastrophe folgte auf jahrhundertlange Krisen in Wirtschaft und Ökologie: Kolonialistische Rodungen und Abholzungen[1] führten zur Monokultur der Kartoffel, vor allem im kargen Westen, wo die Agrarwirtschaft immer unter saurer Erde, Sturm und Salz gelitten hatte und man außer von Schafzucht und Kartoffelanbau kaum leben konnte. Der Hinweis möge also genügen, dass er eine bestimmte Wasserscheide in der irischen Geschichte markiert: Den Start des größten Exporthandels der Insel – mit Menschen, vor allem jungen Menschen.

Die Geschichte fängt mit Landungsbrücken an. Es waren erst Segel-, dann Dampfschiffe, deren ungeheure schwarze Außenwände Luken hatten, die gerade groß genug waren für ein Gesicht oder eine winkende Hand, aber nicht für beides. Oft wurde die Überfahrt nach Amerika von Großgrundbesitzern bezahlt, die nicht weiter für Pächter aufkommen wollten, die keine Miete zahlen konnten und nichts mehr zu essen hatten. Die Auswandererschiffe wurden wegen der hohen Todesraten (teilweise bis 30%) *coffin ships* – Sargschiffe – genannt. In der Ersten und Zweiten Klasse hatten die Passagiere eigene Kabinen unterschiedlicher Größe, so dass je nach Preis eine gewisse Privat-

1 Ab dem 16. Jahrhundert wurden irische Eichen, insbesondere der *quercus petraea*, auch als »Irish Oak« bekannt, als Rohmaterial für die britische Marine abgeholzt. Als 2011 Königin Elizabeth ihren Staatsbesuch in Irland abstattete und dabei als Akt der Versöhnung eine Eiche im Dubliner Phoenix Park pflanzte, überreichte ihr eine Bürgerinitiative zum Schutz des irischen Waldes eine von vielen irischen Rockmusikern, Schauspielern und Künstlern unterschriebene Petition zur Entschädigung für diese jahrhundertlange Ausbeutung.

sphäre garantiert war. In der Dritten Klasse sah es aber anders aus. Da reisten die armen Emigranten im sogenannten *steerage*. Dieser Begriff stand ursprünglich für die niedrigen Decks eines Schiffs, wo schweres Cargo oberhalb des geschlossenen Frachtraums verstaut wurde, um dem Schiff zusätzliche Stabilität zu verleihen. Aber gegen Ende des 19. Jahrhunderts wurde dieser Raum zunehmend als Überfahrtsaufenthalt für den menschlichen Cargo verwendet, für die armen Auswanderer, die es sich nicht leisten konnten, ein ordentliches Ticket zu kaufen. Ohne richtige sanitäre Anlagen und ohne Privatsphäre fuhren diese Menschen in einem großen Gemeinschaftsraum unter nicht wesentlich besseren Bedingungen als die afrikanischen Sklaven ein Jahrhundert zuvor.

Als im April 1912 die Belfaster Titanic unterging, bestand die Besetzung der Dritten Klasse fast ausschließlich aus irischen Auswanderern. Die Liste der Ertrunkenen spricht Bände: Von den 30 Kindern aus der ersten und zweiten Klasse starb ein einziges Mädchen (und das nur, weil die Mutter es mit einem Familiendiener auf die falsche Schiffsseite und damit in den Tod schickte); von den 79 Kindern in der dritten Klasse jedoch ertranken 52 – das sind 66%. Bei den Frauen verhielt es sich ähnlich: von den 144 in der ersten Klasse starben nur vier (3%), aus der zweiten Klasse 14%, aus der dritten Klasse hingegen 54%.

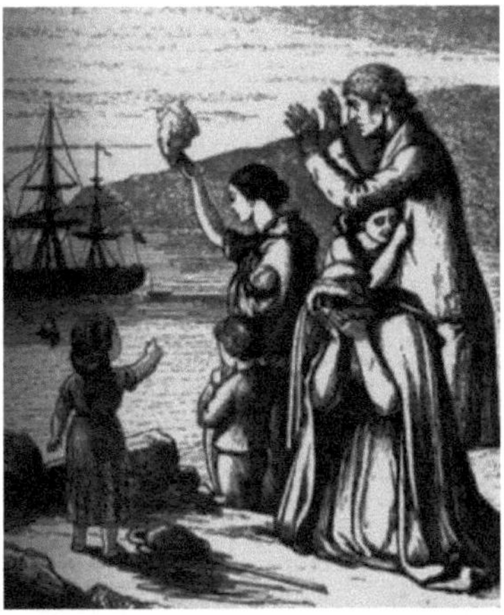

»Emigrants Leave Ireland« von Henry Doyle (1827–1892), aus Mary Frances Cusack, *An Illustrated History of Ireland from AD 400 to 1800.* London: Longmans, Green & Co. 1868

Kein Ball nach Amerika

Eine begrenzte, fiktionalisierte Einsicht in die »Räumlichkeiten« des *steerage* erhielten 1997 Millionen von Kinobesuchern in der berühmten »Third-Class-Dance«-Szene im Film *Titanic*, als der arme irische Jack (Leonardo DiCaprio) seine große neue reiche Liebe Rose (Kate Winslet) in den *steerage* einlädt. Dort wird sorgenfrei zu traditioneller irischer Musik getanzt. Wie viele irische Auswanderer in Wirklichkeit willens oder in der Lage waren, bei den äußerst begrenzten Gepäckvorschriften empfindliche Musikinstrumente einzupacken, ist unbekannt.[1] (Im Film ist eindeutig ein Banjo zu hören, das eigentlich von wiederkehrenden Migranten aus Amerika nach Irland importiert wurde und um die Titanic-Zeit sicherlich nur in den Städten an der Ostküste verbreitet war.) Das größte Gut, dass die Iren über den Atlantik trugen, war Kulturgut: Geschichten, Tänze und Lieder. In den ärmlichsten Gegenden Irlands war die Musik – auch zum Tanz – ohnehin weitgehend *a cappella*-Gesang (*lilting* oder, gälisch, *seán nos*).

Zum Kulturgut gehörte auch Sport. Schon 1850 wurde in den Vereinigten Staaten Hurling und Gaelic Football gespielt. Die North American Gaelic Athletics Association wurde vor ca. 150 Jahren gegründet und entstand aus den wirtschaftlichen und kulturellen Netzwerken, die die irischen Einwanderer, so wie die anderen Ethnien auch, zur Selbsthilfe gründeten. Die NAGAA verwaltet für Millionen aktiv Beteiligte vier Sportarten und hat eine eigene Facebook-Seite. Da das Gros der irischen Auswanderer aus Gebieten stammte, wo die

1 Seriöse Quellen wie die US Library of Congress oder das Canadian Museum of History reden zwar oft davon, dass die Immigranten ihre *Musik* mitgebracht haben, aber keine berichtet über Instrumente. Instrumente würde es in New York oder Nova Scotia wahrscheinlich genug geben.

gälischen Sportarten vorherrschten (wenn man als ärmlicher Bauer überhaupt Zeit, Kraft und Platz hatte, Sport zu treiben), gibt es keine historischen Belege dafür, dass Iren den »eigentlichen« Fußball nach Amerika gebracht hätten.

Allerdings galt das nicht für die Iren, die anderswohin emigrierten. Ab der Zeit des Großen Hungers nahmen England und Schottland hunderttausende irische Flüchtlinge auf. Zwischen 1845 und 1850 verdreifachte sich die Bevölkerung von Liverpool, und über die Iren in Manchester schrieb bekanntlich Friedrich Engels ausgiebig in seinem Buch *Die Lage der arbeitenden Klassen in England*. In der neuen Heimat haben auch diese Iren ihre Netzwerke aufgebaut, und es waren nach Schottland ausgewanderte Iren, die 1888 in Glasgow den grün-weißen Verein Celtic FC gründeten, der gleichfalls aus einer solchen Selbsthilfegruppe für irische Einwandererfamilien entstand. Eigentlicher Gründer war ein irischer Priester, Brother Walfrid, geborener Andrew Kerins, Gälisch Aindreas Ó Céirín. Diese Migranten haben den Fußball natürlich nicht aus Irland mitgebracht; entweder erlebten sie die Entstehung des Massensports in Großbritannien mit, oder sie fanden ihn bereits vor und adoptierten ihn. Celtic (übrigens der erste britische Verein, der den alten Europapokal, heute Champions League, gewann: 1967, 2–1 gegen Inter Mailand) versteht sich immer noch als irisch. Im Celtic Park-Stadion werden noch heute irisch-republikanische Kampflieder gesungen, und es weht immer die irische Trikolore. Schon dreizehn Jahre zuvor hatten auch Iren in Edinburgh den Verein Hibernian Football Club gegründet; die Hibs spielen auch in grün-weiß.

Eine meiner lustigsten Erinnerungen aus der Champions League-Zeit spielte sich an einem Abend ab, an dem Werder gegen den heimlich-irischen schottischen Meister antreten musste. Als Zeichen der Gastfreundlichkeit hatte Manager Willi Lemke unwissend eine britische Militärkapelle aus der Kaserne im benachbarten Verden zur Halbzeitpausenunterhaltung angeheuert. Sie paradierte zwischen uns in der Ostkurve und den Schotten in der Westkurve – einem Meer von grün-weiß-orangen Trikoloren. Jedes Mal, wenn sie an die Westkurve herankamen, wurden die Musikanten nicht nur ausgepfiffen, sondern auch mit allerlei Gegenständen beworfen, so dass sie immer weiter nach Osten wanderten. Niemand um mich herum wusste, warum.

Doch zurück zu Amerika: Auch die großen deutschen Auswanderungswellen 1845 bis 1865 waren zu früh, um Fußball nach Amerika zu bringen; vielleicht hatten die 48er-Revolutionäre Wichtigeres im Kopf. Was die zweite große Welle ab den 1880er Jahren betrifft, gibt es keine historischen Quellen, die Deutsch-Amerikaner mit der Einführung des Fußballs verbinden. Also: Achtung Kulturhistoriker: Ein Promotionsthema wird freigegeben.[1]

Wahrscheinlich die erste, und eine immer noch sehr empfehlenswerte Quelle für die Geschichte und Entwicklung des Fußballs in Amerika, ist Helmut Kuhns kurz vor der WM in Amerika erschienenes Buch *Fußball in den USA* (Bremen 1994), auch wenn es etliche Fehler enthält – der Autor bezeichnet z. B. die USA fälschlicherweise als »das einzige Land der Welt, in dem Fußball nicht *Football*, sondern *Soccer* heißt.« (S. 9), obwohl der Begriff eindeutig aus England stammt (s. oben). Bei Kuhn heißt es, Soccer sei der »Sport der Immigranten« (S. 12), belegt das mit Beispielen von ethnischen Mannschaften mit deutschen, bengalischen oder polnischen Wurzeln und erwähnt sogar eine 1980 noch existente Deutsch-Amerikanische Liga von Freizeitkickern. 1994 sei Soccer dabei, »sich … langsam vom Stigma des ewigen Immigrantensports [zu lösen].« (S. 15) Auch Wikipedia schlägt in diese Richtung ein: »Auch in Gegenden mit vielen Einwanderern war Fußball die beliebteste Sportart und ist es heute noch, vor allem, da die meisten Immigranten aus Ländern mit einer hohen Fußballbegeisterung kommen.«[2]

---

1 Selbst die Forschungsstelle Deutsche Auswanderer in den USA der Universität Oldenburg (www.dausa.de/), die Briefe, Tagebücher, Lebenserinnerungen und andere biografische Zeugnisse von Auswanderern sammelt, scheint keine Information zum Thema zu haben. In deren sonst sehr interessanten Beiträgen online sucht man vergeblich nach einer Erwähnung von Fußball. Und selbst bei einer Google-Suche nach »deutsche auswanderer fußball amerika« findet man schon beim ersten Hit diese Forschungsstelle und dann den Hinweis: »Es fehlt: ~~fußball~~«.

2 Wikipedia: Eintrag »Fußball in den Vereinigten Staaten«. Der Satz wirft auch die Frage auf, was der Begriff »Immigrant« bedeutet, denn eigentlich sind alle im Lande außer den Native Americans solche. Gemeint sind also wahrscheinlich alle Gruppen nach den Gründervätern und deren ethnischen Nachfahren.

Hier verrät bzw. relativiert aber die Zeitform »kommen« Kuhns »ewig«, denn dieses Image ist in der Tat entstanden nach mehreren großen Wellen »neuer« Immigranten, vor allem aus Lateinamerika, aber auch aus dem Balkan oder Asien. Diese kamen zu einer Zeit, als der Fußball schon kulturell und wirtschaftlich den internationalen Status als Zuschauersport errecht hatte, hat also mit unserer Fragestellung nichts zu tun.

Unruhen | Orange und Grün

Im nordirischen Fußball bleibt die politische und religiöse Zuordnung noch relevant. Der führende Verein, der Belfaster Linfield FC (gegründet 1886), bleibt trotz wiederholter Initiativen Wohlmeinender überwältigend protestantisch-loyalistisch, spielt in rot-weiß-blau und gilt als Außenstelle der königlichen Rangers aus Glasgow. Andererseits hat der 1879 gegründete Cliftonville FC, damit Irlands ältester Fußballverein, seine Geschmacksrichtung durch demografische Veränderungen verschoben. Die Roten – schon 1883 irischer Pokalsieger und bis in die 1970er ein reiner Amateurverein – rekrutierten ursprünglich ihre Spieler aus den Reihen der protestantischen Werftarbeiter, aber ihr Stadion (mit dem poetischen Namen Solitude) befindet sich in einem Gebiet in Nord-Belfast, das langsam, aber seit den frühen Unruhen um 1969, bei denen viele Belfaster in einer Art ethnischer Säuberung ihre Wohnung wechseln mussten, zunehmend schneller nationalistisch-republikanisch geworden ist.

Der in Anlehnung an das große Glasgower Vorbild Belfast Celtic genannte Verein, 1891 gegründet, wurde in ihren gleichfalls irisch-national anmutenden grün-weiß geringelten Trikots 14-mal irischer bzw. nordirischer Meister und 8-mal Pokalsieger. All das aber endete am 2. Weihnachtstag 1948 als Opfer der protestantischen Bigotterie. Nach dem traditionellen Weihnachtsderby gegen Linfield (1–1) stürmten Linfield-Anhänger aufs Spielfeld und schlugen auf die Celtic-Spieler ein. Celtic-Mittelstürmer Jimmy Jones (ein als Verräter geltender Protestant, dessen Vetter sogar Mannschaftskapitän bei Linfield war) wurde über eine Mauer geworfen und bewusstlos geschlagen, zwei weitere Celtic-Spieler wurden schwer verletzt. Am Ende der Saison zog sich Belfast Celtic endgültig aus dem Fußball zurück. Es war ein trauriger Tiefpunkt – aber nicht der letzte – in der nordirischen Fußballgeschichte. Ein fröhlicheres Postskriptum gibt es allerdings noch dazu: 1970 gründeten junge Katholiken in West-Belfast einen Verein zunächst ohne Spielplatz und Ausstattung, den sie etwas provokativ Donegal Celtic FC nannten (Spielkleidung – wie könnte es anders sein? – grün-weiß geringelt). Nachdem dem Verein wiederholt der Zugang zur IFA verweigert wurde, klagte er sich 2002 in die nordirische Second Division ein und stieg prompt in die First Division (2. Liga) auf. Bald darauf kamen sie in die Premiership. In Sachen Frauen- und Jugendfußball gilt er wohl inzwischen als führend in der Provinz.

Ein Opfer des verniedlichend als Troubles bezeichneten Bürgerkriegs ab 1969 war der Derry City FC, der aus Sicherheitsgründen am Ende der Spielzeit 1972/73 gezwungen wurde, aus der nordirischen Irish League auszutreten und in der irischen League of Ireland anzuheuern, wo er seitdem dreimal nationaler Meister wurde. Somit spielt der Verein meines Wissens als einziger in Europa streng genommen in einer fremden Liga. Die mehrheitlich nationalistisch-katholische Stadt Derry (von der pro-britischen, protestantischen Minderheit immer noch Londonderry genannt) war von Anfang an Mittelpunkt der Unruhen, und seit Jahrzehnten galt dort zum Besuch der Linfield-Fans aus Belfast die Sicherheitsstufe Eins.

Neil Lennon ist in letzter Zeit der einzige Spieler aus Nordirland, der den Anspruch erheben könnte, als ›internationale Klasse‹ zu gelten, da er in einem britischen Premiership-Club einen Stammplatz hatte und regelmäßig durch Champions League-Einsätze herausgefordert wird. 2002 beschloss der Kapitän der Nationalmannschaft aber, nie wieder für Nordirland zu spielen. Der Grund: Protestantische Extremisten des Loyalist Volunteer Force schickten dem Katholiken eine Morddrohung, weil er 2000 zu Glasgow Celtic gewechselt war, wo er inzwischen als Cheftrainer arbeitet.

Ausnahmen von solchen traurigen Episoden gab es natürlich immer, vor allem zu Zeiten, wo das politische Thermometer keine Fieberkurve zeigte. Bertie Peacock, populärer und legendärer Star der Nationalmannschaft in Schweden 1958, spielte als Protestant für Glasgow Celtic in den fünfziger und sechziger Jahren und war gerade als Protestant erster nichtschottischer Mannschaftskapitän der Glasgower. In dieser Zeit wurde Peacock kein einziges Mal von irgendwelchen Protestanten zum Verräter der Heimat erklärt oder bedroht, nur weil er grün-weiß geringelt spielte. Zwischen 1962 und 1967 war er nordirischer Nationaltrainer.

Charlie Tully war ein Katholik, der zur selben Zeit für Glasgow Celtic spielte – nachdem Belfast Celtic aufgelöst wurde, wechselte er zum schottischen Mutterschiff, wo er neben Peacock eine Partnerschaft auf der linken Seite bildete, die auch international brillierte. Er war nicht nur ein begnadeter Techniker sondern auch ein Alleinunterhalter und Witzbold auf und neben dem Spielfeld und machte in den Fünfzigern sogar Plattenaufnahmen mit Fußballliedern. Tully wurde nie als Katholik verfolgt, der die Unverfrorenheit besessen hatte, für Nordirland aufzulaufen. Eine Lieblingsgeschichte über ihn ist sein Gespräch vor dem Länderspiel 1952 gegen England mit seinem Gegenüber, dem Tottenham Hotspur-Verteidiger (und 1966 Weltmeistertrainer) Alf Ramsey:

»Spielen Sie gerne für Ihr Land, Mr. Ramsey?« fragte Charly.

»In der Tat, Mr. Tully«, erwiderte der spätere Sir Alf.

»Na, dann« – so Charly – »machen Sie heute das Beste daraus. Es könnte Ihre letzte Gelegenheit sein.«[1]

Die Freundschaft zwischen Tully und Peacock spiegelt eine Zeit wider, in der die Freude am Fußball die Entbehrungen des kargen Nachkriegsalltags vergessen ließ und die in nordirischen Fußballkreisen als Golden Age gilt. Belfast Celtic und Charly Tully sind übrigens in einer wunderschönen Kurzgeschichte des Belfaster Schriftstellers Bernard MacLaverty, ›A Belfast Memory‹, verewigt worden.[2]

---

1 Ein Pathé News-Video des Länderspiels mit dem Titel »England draw with Ireland« ist inzwischen online zu sehen: http://www.britishpathe.com/video/england-draw-with-ireland Der Kommentator sagt: »See how Tully gives Ramsey the run-around.«

2 In Bernard MacLaverty, *Matters of Life and Death*. Vintage Books 2007, 89–100.

Heute ist die IFA sehr bemüht, gegen *sectarianism* unter den Fans anzutreten. Nach den Waffenstillständen der Terrorgruppen gründete sie 1998 die Initiative Football for All:

The IFA respects and values diversity. We endeavour to provide an environment which values and enables the full involvement of all people, in all aspects and at every level of Northern Ireland football, regardless of perceived cultural identity, political affiliation or religious beliefs. We believe in the philosophy of Football For All.[1]

Es bleiben viele Daumen gedrückt.

1 Der irische Fußballverband schätzt die Vielfalt. Wir bemühen uns, eine Umwelt zu schaffen, die die Beteiligung aller Menschen in allen Bereichen und auf allen Ebenen des nordirischen Fußballs ermöglicht – ungeachtet der gefühlten/empfundenen kulturellen Identität, der politischen Zugehörigkeit oder des religiösen Glaubens. Wir glauben an der Philosophie des *Fußballs für Alle*.

Schiri im Bürgerkrieg

Es war in Belfast Anfang der siebziger Jahre nicht immer leicht für meinen Freund Tony. Das war in einer besonders brutalen Phase des Bürgerkriegs, wo auch unter den pro-britischen Loyalisten traditionell anti-englische Ressentiments verbreitet waren, zumal viele gewissermaßen mit Recht glaubten, die britische Regierung habe die Truppen herübergeschickt und eingesetzt, um den eigentlichen Feind, die Nationalisten, gegen sie, die treuen Pro-Britischen, zu schützen. Tony, mit dem ich in einer Uni-Mannschaft zusammenspielte, kam aus Leicester in Mittelengland, hatte sehr lange Haare und sprach mit einem vornehmen englischen Mittelschichtakzent, was auf dem Spielfeld manchmal für Komplikationen und/oder Häme sorgte. Auch wenn wir gelegentlich beim Linfield FC die Stehtribüne Railway Stand hinter dem östlichen Tor besuchten, fiel er auf, wenn er zu aufgeregt war, um den Mund zu halten. Um vom Uni-Viertel ins Stadion zu kommen, mussten wir, meistens schweigend, durch die engen, rot-weiß-blau angemalten Straßen eines loyalistischen Arbeiterviertels laufen.

Auch dort, im Windsor Park-Stadion, standen wir bei Länderspielen, denn das Stadion von Linfield war zugleich Nationalstadion und Austragungsort des Pokalendspiels. Und so kam es, dass wir am 15. Mai 1971 beim Länderspiel Nordirland-England Augenzeugen eines Stücks britischer Fußballgeschichte wurden: Des genialen, aber vom schottischen FIFA-Schiedsrichter Alistair Mackenzie wegen »unsportlichen Verhaltens« aberkannten Tors von George Best. Wir standen rechts hinter dem Tor, als der englische Torhüter Gordon Banks den Ball seitlich in die Luft warf, um ihn nach vorne zu dreschen. George stand vor Banks und spitzelte, ohne sein Bein gefährlich hoch zu heben, den Ball vor der Nase des englischen Torhüters Banks über dessen Kopf Richtung Tor weg. Er überholte Banks, sprintete auf uns zu und köpfte den Ball ins Tor. 1–0 Führung gegen den Erzrivalen Goliath! Als aber die Entscheidung des Schiris – doch

Foul – bekannt wurde, tobte die East Stand. Auch Tony, ein fairer englischer Sportsmann, war entsetzt. Es stand lange null-null, bis irgendwann in der zweiten Halbzeit die Engländer einen Fehlpass vor dem eigenen Tor abfingen und einen schnellen Konter in unsere Richtung starteten. Ein eigentlich wunderschön herausgearbeitetes Tor – außer dass wir auf der Ost-Tribüne sahen, dass das Abfangen des Fehlpasses durch ein Handspiel von Francis Lee (Manchester City; wen wundert's?) ermöglicht wurde. Wir schrien alle gleichzeitig »*handball*«, aber Mackenzie hatte nichts gemerkt. Links und rechts von uns auf den Sitzplätzen standen alle auf und riefen auch noch »*offside*!«. Als abgepfiffen wurde, war die Stimmung äußerst gespannt; ich kann mich allerdings nicht erinnern, dass es nachher tatsächlich gewalttätige Auseinandersetzungen gab.

Wir mussten hinter dem Ausgang ein Spießrutenlaufen durch junge und sehr angespannte britische Soldaten hinter uns bringen, und ich erinnere mich noch daran, dass ich damals dachte, der englische Ausdruck *You could smell the fear* (»man konnte die Angst gerade regelrecht riechen«) wäre doch keine leere Phrase. Als einer der Soldaten – er sah wie siebzehn aus – uns fragte, wie das Spiel ausgegangen sei, erzählte ich ihm die Geschichte. Seine einzige Reaktion: »*Oh, fuck.*« Tony machte den Mund erst wieder auf, als das Stadion weit hinter uns lag und wir unsere Stammkneipe, The Club Bar, in Uni-Nähe erreicht hatten.[1]

1 Das wunderbare Nicht-Tor ist natürlich auf YouTube zu genießen: https://www.youtube.com/watch?v=jJh53oIEN3s.

Spielfelder markieren | A Sense of Belonging

Markierungen sind dazu da, uns Grenzen aufzuzeigen. Das ist auch oft gut so. Beim Straßenverkehr und beim Sport sind sie entscheidend – auch wenn sie seit 1966 in Deutschland umstritten sind und neuerdings durch Torlinienkameras kontrolliert werden müssen. Markierungen können als einengend gesehen werden, wenn sie uns daran hindern, Grenzen in Frage zu stellen, wenn sie uns dazu ermuntern, bloß nicht über den Tellerrand zu schauen oder nur die richtigen Kästchen anzukreuzen.

Während für die weißen Feldmarkierungen beim Fußball allgemeiner Konsens herrschen mag, sorgen die Markierungen zwischen Nationalstaaten – ob unsichtbar oder mit Stacheldraht gespickt – meistens für Kummer und Leid. Auch hinter jener freundlichen Rivalität, die etwa bei einem Rugby-Spiel zwischen Schottland und Irland herrscht, steckt ein Gefühl der Verschiedenheit, das auf festgefahrenen Denkmustern und Vorurteilen basiert. Während die irischen und schottischen Rugby-Fans ab 17 Uhr ein Guinness in Stadionnähe genießen, kloppen sich Engländer und Schotten, Deutsche und Niederländer, Franzosen und Belgier sowie andere sonst friedliche Nachbarn, sobald sie sich für Fußball begeistern. Auch in Bremen herrscht Polizeialarm, wenn die anderen benachbarten Hanseaten dort eine Viertelstunde nach dem Abpfiff das Stadion verlassen.

Ist also Gruppenidentität wirklich etwas Positives? Wir Menschen sind anscheinend Rudeltiere, die das Dazugehörigkeitsgefühl – *a sense of belonging* – brauchen. Wer auf einem Marktplatz seinen örtlichen Verein als Meister feiern durfte, hat eine warme Welle gespürt, die über seine Heimatstadt geschwappt ist und Wohlwollen, Lächeln und Stolz ausgelöst hat. Ja, Stolz ist ein zweischneidiges Schwert. Warum soll ich stolz darauf sein, dass peruanische, türkische, kroatische oder schwäbische Millionäre einen Pokal geholt haben? Weil es ***meine*** Peruaner, Türken, Kroaten und Schwaben sind. So einfach ist das.

»Rudel« ist vielleicht ein falsches Bild, denn es impliziert Hierarchien: Rudelführer, Alphatier. Das ist das Wir-Gefühl der Neonazis. Aber das Wir-Gefühl des Fußballs resultiert bekanntlich aus gemeinsam Geteiltem. Das Wir der Fußballzuschauer ist vom Wesen her basisdemokratisch, trotz der »Klassenunterschiede« nach noblen Logen, teuren Sitz- und einfachen Stehplätzen. Im Fiebern mit der eigenen Mannschaft sind letztlich alle gleich.

Es ist natürlich leicht, die Fußballkultur zu romantisieren, noch leichter vielleicht in Bremen, wo die Ostkurve und die dort beheimateten Ultras sich von anderen Ultras unterscheiden. Dort sind die Hardcore-Fans links, gegen Rassismus (die Kurve weist meistens eine, manchmal zwei Antifa-Fahnen auf) und sie schützen Schwule und andere Minoritäten. Sie sind auch gegen Sexismus und unterstützen damit eine Mehrheit, nämlich die Frauen. Wo Männer aber in der Mehrzahl sind, und das ist immer noch so in der Subkultur, bringt das Testosteron Probleme mit sich, meistens in Kombination mit Alkohol, wie z. B. unkonventionelles Urinieren und Schlägereien. So sind auch die linken Bremer Ultras wahrlich keine Pazifisten, und mit nacktem Oberkörper in der Kurve zu stehen, hat sehr wohl etwas Machohaftes, oder? Trotzdem (manche würden argumentieren: *deswegen*) legt diese Subkultur in sogenannten Choreografien und natürlich in den Gesängen eher Brüderlichkeit und Humanismus an den Tag. Vom klaren »Refugees Welcome« auf einem Transparent im September 2015 bis zu antikapitalistischen Äußerungen, auch gegen die Kommerzialisierung des Fußballs – »Tradition mit Herz statt Erfolg mit Kommerz« (wie etwa die lange Anti-Red-Bull-Kampagne) – sind die Fans, die in der Bremer Ostkurve stehen, stets dabei. Allerdings: Spaß und Humor bilden die ideologische Grundlage, so wie die ungewöhnliche Interpretation der Xenophobie vor ein paar Jahren bei einem Heimspiel gegen den 1 FC Köln zeigt: »Ausländer rein, Rheinländer raus!«

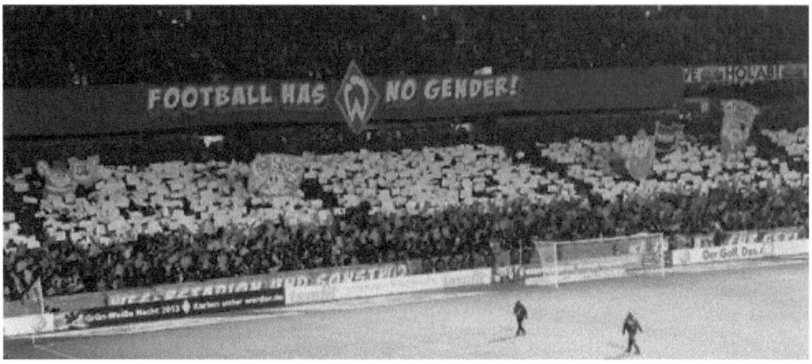

Ostkurve: Football has no gender | Foto: fußball-gegen-nazis.de

Aufwändige Choreografien sind natürlich nur möglich durch Proben, durch eine hochentwickelte Koordination und einer disziplinierten Vorbereitung leninistischen Ausmaßes, aber ich werde immer wieder erstaunt von der Fähigkeit der Kurve, spontan zu reagieren. Seit 1985, als das Endspiel des DFB-Pokals zum ersten Mal ins Olympiastadion der heutigen Hauptstadt verlegt wurde, singen Fans beim nahenden Einzug ihres Vereins in die nächste Runde: »Berlin, Berlin, wir fahren nach Berlin!« Im Frühling 1988, als der Spruch noch verhältnismäßig frisch war, verlor in Bremen der SVW, werdender Meister mit etlichen Punkten Vorsprung vor Bayern, 0–1 gegen Eintracht Frankfurt im Pokalhalbfinale. Kurz vor dem Abpfiff ertönte um uns herum in der Ostkurve: »Berlin, Berlin, wir *scheißen* auf Berlin!«

Ein Beispiel aus Dortmund: In den neunziger Jahren gab es die zweifelhafte Sitte in den Stadien, den Gast-Torwart beim Torabschlag mit dem Spruch zu begleiten: »Arschloch, Wichser, Hurensohn!« Natürlich ist das nicht gastfreundlich, auch wenn es tierisch Spaß machen muss, wenn man siebzehn ist. Vor Jahren war ich Gast bei Freunden im Noch-Westfalenstadion, Borussia gegen Werder, unglücklicherweise in der famosen Südkurve als wahrscheinlich einziger Werder-Fan unter 24.454 Zuschauern (eine Stehkurve, die mehr als halb so viele zahlende Gäste enthält wie das gesamte Weser-Stadion; man muss es vor dem Tod einmal erlebt haben). Eine Viertelstunde vor dem Anpfiff brachte der beliebte Stadionsprecher, Ex-Profi Norbert Dickel, die Meinung der Vereinsführung zum Thema Gast-Torwart zum Ausdruck: Ein solcher Spruch sei menschenverachtend und des Borussenanhangs unwürdig. Eine höfliche Applauswelle rieselte durch das Stadion. Dann aber, als in der sechsten oder siebten Minute der Bremer Keeper Frank Rost den ersten Abschlag machte, donnerte es aus 75.000 Kehlen: »Arschloch, Wichser, Hurensohn!«. Danach war Schluss, obwohl die Borussia bestimmt noch ein Dutzend Schüsse am Tor vorbei hatte und Rost die entsprechenden Abschläge machen musste. Was dabei gemeint war, hieß: »Ja, wir wissen auch, dass es blöd und beleidigend ist und dass wir damit aufhören sollen – aber WIR entscheiden, wann wir Schluss machen.«

Eine weitere Erinnerung an Kreativität, Adaptionsfähigkeit und Spontaneität der Fankultur: Seit Jahren läuft im Weser-Stadion ein schönes Spiel neben dem Spiel ab. Die jungen Leute in der Ostkurve schreien, »Hallo Westkurve!« und nach einer kurzen, durch die Schallgeschwindigkeit verursachten Pause kommt die Antwort von drüben: »Hallo Ostkurve!« So geht das hin und her, bis die Ossis verlangen: »Alle aufstehen!« und die Wessis auf den Sitzplätzen das tun. Im Februar 2009 erlebten wir bei einem Spiel in einer Kneipe, im Lagerhaus-Café mitten in Bremens Vergnügungsviertel, eine spontane Imitation dieses Vorgangs. Kontext: Werder spielt im Rückspiel der dritten Runde des UEFA-Pokals in Mailand gegen Milan. Hinspiel 1–1 in Bremen, also muss Werder auswärts gewinnen oder aber 2–2 unentschieden spielen. Wir liegen jedoch 0–2 zurück, bis in der 67. und 78. Minute Pizarro, zweimal mit dem Kopf, das erwünschte Ergebnis erzielt. Tumult in Mailand und im großen Lagerhaus, wo man gleich mit zwei Leinwänden operiert. Plötzlich ertönt es: »Hallo, kleine Leinwand!« und zurück kommt, ohne Pause: »Hallo, große Leinwand!« Dann nach dem Abpfiff, als Werder weiter ist und die Spieler tanzen, sehen wir, wie Diego in Mailand eine Flasche Mineralwasser an den Hals setzt. Da die Marke, ein Werdersponsor, aus der Region kommt, kocht sofort der Lokalpatriotismus hoch. Durchs Lagerhaus erschallt es: »Vilsa, Vilsa, Vilsa!«. Auch die verbissensten Kapitalismuskritiker grölen mit.

Herzbahnhof

Für Migranten sind Flughäfen und Bahnhöfe wichtige Leit- und Begleitmotive. Der 1889 als »Centralbahnhof« eröffnete Bremer Hauptbahnhof ist ein Prachtstück – symmetrisch, rund und solide, mit warmem rotem Backstein und riesigen runden lächelnden Fenstern. Mit seinen vier Türmchen hat er vielleicht auch etwas, wenn auch nur bescheiden angedeutet, von der Hagia Sophia in Istanbul: vertrauenerweckend und einladend. Schön ist er aber nur, wenn man ihn von vorne mit dem Rücken zur Stadt betrachtet oder selber innen drin ist. Denn für den Reisenden, noch schlimmer für den hoffnungsvollen Migranten, ist das Heraustreten auf den Bahnhofsplatz ein dystopischer Schock. Der Blick schweift von links nach rechts über ein zusammengewürfeltes Szenario, das den Charme eines unaufgeräumten Kinderzimmers besitzt. Alles schreit nach den fünfziger und sechziger Jahren, als sich Austerität mit technokratischer Viereckigkeit vermählte. Bei allem Verständnis für den schnellen und notwendigen Wiederaufbau nach der Zerstörung im Krieg musste man sich immer wieder fragen, ob es in den letzten vierzig Jahren nicht möglich gewesen wäre, eine architektonische Willkommenskultur zu entwickeln. Und nun, 2016, erst vier Jahre nachdem das Gebäude einen Preis als bester deutscher Großstadtbahnhof erhalten hatte, wird der Schandfleck endlich beseitigt. Aber wie? Abriss der Glas- und Betonvierecke und Anlegen eines Parks vielleicht? Pustekuchen, es wird auf bremisch gelöst: Nur der Blick auf den Schandfleck wird beseitigt – durch zwei weitere, hohe Vierecke. An der Stelle wachsen riesige Bürohäuser voller Schießschartenfenster mit Hunderten von hohen schmalen Öffnungen, die eine Burgmentalität ausdrücken – scheinbar alles andere als Willkommenskultur. Man fragt sich, ob unsere Enkelkinder diese Bauten genau so hässlich und altmodisch finden werden, sie als zeittypisch für das zweite Jahrzehnt des Jahrhunderts betrachten, die gleichfalls durch Austerität, aber auch durch Neoliberalismus und Utilitarismus geprägt ist.

Ein utopisches Gegenmodell gefällig? Zu meinen Lieblingsstädten gehört Edinburgh, ausgehend von gruseligen Kindheitserinnerungen an die große Burg, die ich jeden Sommer mit meiner schottischen Mutter besuchte.

Wer außer den Schotten würde auf die Idee kommen, den Hauptbahnhof und einen der beiden Fußballvereine der Hauptstadt nach Romanen zu benennen? Beide heißen nämlich nach zwei Werken des berühmtesten schottischen Romanciers Sir Walter Scott (1771–1832), dessen Statue oberhalb des Bahnhofs steht: *Waverley* (1814) bzw. *Heart of Midlothian* (1818).

Streng genommen wurde der 1874 gegründete und liebevoll ›Hearts‹ genannte Heart of Midlothian Football Club nur »aus zweiter Hand« nach dem Roman von Scott genannt, denn der Verein wurde von Kunden eines Tanzsaals mit diesem Namen gegründet. Der Tanzsaal wurde allerdings tatsächlich nach dem Erfolgsroman benannt. Was im Roman als Herz der Grafschaft Midlothian bezeichnet wird, ist das alte, 1817 abgerissene Stadtgefängnis Old Tollbooth, wo öffentliche Hinrichtungen, unter anderem von anti-englischen Aufständischen, vollzogen wurden. An dieser Stelle ist ein Stolperstein (auch »The Heart of Midlothian« genannt) in den Boden eingelegt, auf den die Edinburgher beim Vorbeigehen spucken. Da die Hearts das Emblem dieses Steins auf der Brust tragen, kann man davon ausgehen, dass Fans des Lokalrivalen, des 1875 von irischen Einwanderern gegründeten und natürlich grünweiß gekleideten Hibernian FC, dies besonders gern tun.

Hier bietet sich eine interessante Parallele zu Bremen. Bei der letzten öffentlichen Hinrichtung der Hansestadt wurde 1831 die Serienmörderin Gesche Gottfried am Schafott enthauptet. Gleich hinter dem St. Petri Dom ist ein Spuckstein aus bläulichem Basalt im Kopfsteinpflaster des Domshofs eingelassen, der dem schottischen ähnelt. Aber wenn die Edinburgher heutzutage auf ihren Stein spucken, soll es ihnen Glück bringen, während in Bremen immer noch nur die Abscheu der braven hanseatischen Bürger vor der grausamen Serienkillerin zum Ausdruck gebracht wird, die fünfzehn

Menschen, darunter die eigenen Eltern und den ersten Ehemann, mit Arsen vergiftet hat.

1847 gebaut, liegt Waverley Station, der zweitgrößte Bahnhof Großbritanniens, kaum sichtbar in einem tiefen Tal zwischen der Altstadt und der Neustadt.

Wenn ich in Bremen Umbenennungen vornehmen müsste, hießen der Bahnhofsplatz *Fräulein Smillas Gespür für Schnee* und der Fußballverein *À la recherche du temps perdu*.

Zurückgepfiffen | Der Märchenprinz zu Halloween

Am 31. Oktober 1972 – mein erster Freimarktbesuch lag gerade hinter mir – radelte ich über die Weser zum Weser-Stadion. Ich hatte nur ein Ziel: Günter Netzer zu sehen. Um ehrlich zu sein, die inzwischen legendären Namen Bonhof, Vogts und Heynkes sagten mir damals überhaupt nichts (geschweige denn Wimmer, Danner und Rupp). Es war der 10. Spieltag meiner ersten Werder-Saison. Mittwochabend, Anstoß 20 Uhr, Bremer Schmuddelwetter. Damals wusste ich noch nicht, dass das eigentlich die optimalen Voraussetzungen für einen Bremer Sieg hätten sein können. Aber …

Schon auf der Großen Weserbrücke merkte ich, dass es ungewöhnlich nebelig war. Oben auf dem Radweg am Osterdeich konnte ich den Fluss kaum sehen, und ich hatte den Verdacht, dass es noch schlimmer kommen könnte. Als ich mein Fahrrad am Treppengeländer anschloss, sah ich, dass das Stadion von einer gelblichen Schwefelsuppe umspült war, aber das Flutlicht suggerierte noch Licht, gute Sicht und Zuversicht.

In der Ostkurve, wo ich dann zwischen lauter Fremden stand, war das Licht bereits stumpfer und noch mehr ockerfarben. Um mich herum kamen erste Zweifel auf. Aber, seht doch, die Mannschaften laufen sich schon warm, ein gutes Zeichen. Und unsere laufen direkt vor uns! (Eigentlich waren sie für mich noch nicht »unsere«, sondern nur »Werder Bremen«.)

Dann tauchten die Borussen aus dem Nebel auf. Mitten drin, über einem babyblauen Trainingsanzug, leuchteten die blonden Haare des Märchenprinzen. Er joggte in unser Gesichtsfeld und wieder heraus, rein und raus, rein und raus. Aber jedes Mal, wenn wir ihn erneut sahen, hatte er weniger Profil, mal schien er verschwommen, mal geisterhaft gruselig, passend zum Datum: Halloween. Manchmal sah man den Trainingsanzug gar nicht mehr, sondern nur noch die Haare.

Langsam verwandelte sich das Spielfeld in eine Waschküche, allerdings in eine sehr kalte. Im Flutlicht und Nebel mischten sich Ocker und Grün, und ich musste an den englischen Ausdruck für einen solch dicken Nebel denken: *a pea-souper* – Erbsensuppe. Von der Ostkurve aus konnten wir nur zwei Eckfahnen sehen. Ich meinte, die Regel aus England zu kennen, dass der Schiedsrichter vom Mittelpunkt aus alle vier Eckfahnen sehen können müsse, und sagte das dem Mann. Nein, klärte er mich auf, die Regel, jedenfalls in Deutschland, laute: »Sicht von Tor zu Tor muss gegeben sein.« Längst waren der Schiedsrichter, die Linienrichter und Vereinsoffizielle auf dem Platz. Unsere Hoffnung verdampfte in den Nebel hinein wie Schweiß, kroch aus Ärmeln und aus der Lücke zwischen Hals und Kapuze. Wir traten von einem Fuß auf den anderen, das Gemurmel wurde lauter. Beruhigende Durchsagen wurden gemacht, um uns still zu halten: *Schiedsrichterteam ... entscheiden ... beide Spielführer ... noch warten ...* Dann verschwanden beide Mannschaften, die Offiziellen und das Schiedsrichterteam vom Platz. Was als Nächstes kam, war inzwischen nur allzu klar: Spielabsage. Auf meinen Märchenprinzen musste ich also noch weiter warten. Später einmal sah ich ihn dann doch leibhaftig, »in Echt«, bevor er gen Madrid verschwand.

Ich war so enttäuscht und viel zu müde, um direkt über die Brücke in die Neustadt zurück zu radeln. Erst musste ein Bier her. Und so wurde das der Abend, an dem ich an der Ecke Hemelinger- und Hildesheimer Straße die Brommy Kneipe entdeckte, diese Werder-Kultstätte, die inzwischen auch für meine erwachsenen Kinder nach jedem Heimspiel Pflicht ist. Und so endete der Abend für mich dann doch noch mit einem kleinen Sieg und einem kleinen Schritt vorwärts auf dem Weg, ein echter Bremer zu werden.

Der Junge von Lisnasharragh

Ich teile die Aussage von Pelé: Man kann George Best nicht genug loben. Wenn ich von Fußball rede oder über Fußball schreibe, komme ich immer auf George (oder, wie wir ihn in Belfast nannten: *Geordie*) zurück, und nicht nur, weil wir fast auf vier Wochen genau Zeitgenossen waren und aus derselben Stadt kamen. (Bei meinen Gefühlen für diesen großen Spieler, diesen großartigen Menschen mit all seinen Fehlern sind diese Faktoren allerdings nicht unwesentlich.) In Deutschland mag er inzwischen überwiegend als Playboy oder Sprücheklopfer auf Gratispostkarten in Erinnerung sein, aber für uns zu Hause bleibt er der größte Fußballer aller Zeiten. Ich habe so viele Erinnerungen an ihn, live in Windsor Park oder in Old Trafford; aber auch aus der BBC-Sendung *Match of the Day*. Ein Beispiel unterstreicht Bests liebenswerte Arroganz. Nachdem er ein Dutzend Mal von einem Verteidiger (Terry Yorath von Leeds United?) gehackt und provoziert wurde, zog er seinen rechten Schuh aus und schlug mit dem Stutzen einen schönen Pass am Gegner vorbei. Wer eine Stunde mit George auf YouTube verbringt, versteht vielleicht meine Begeisterung. Gut: Der Fußball damals war nicht so schnell, nicht so athletisch, von daher sind Vergleiche mit heutigen Giganten wie Lionel Messi und Cristiano Ronaldo müßig.[1] Was aber auffällt, ist der völlig andere, sprich: desolate Zustand der Spielfelder, auf denen Best und seine Zeitgenossen auflaufen mussten. Wie ein Freund neulich auf diesen Vergleich reagierte: »Messi? Messi plays every week on a fucking carpet.« Hinzu kam, was wir heute oft vergessen, das Gewicht

---

1 Ein paar Jahre vor seinem Tod sagte Best in einem Fernsehinterview über Cristiano Ronaldo: »Es hat eine Reihe von Spielern gegeben, die man im Laufe der Jahre als den neuen George Best bezeichnet hat, aber dies ist das erste Mal, dass ich es als Kompliment empfinde.«

des Lederballs. Best hatte solch schnelle Reflexe, dass er in der Lage war, die Unwägbarkeiten des Platzes auszunutzen. Sprang der Ball plötzlich und unerwartet an einem Huckel hoch, kontrollierte er ihn mit Knie, Oberschenkel oder Brust und nutzte den Überraschungseffekt, um am Verteidiger vorbeizukommen.

Er wuchs im armen loyalistischen Viertel Cregagh im Südosten Belfasts auf, und zwar in einer brandneuen Siedlung, in der die Familie zum ersten Mal Bad und Toilette im Haus hatte.[1] Weil er die »Eleven-Plus«, die britische Zulassungsprüfung für die Sekundarstufe 1, mit sehr guten Noten bestanden hatte, bekam er ein staatliches Stipendium für ein Gymnasium nicht weit von zu Hause. Aber wie mein Freund Richie Warburton wurde George zum Rugby-Opfer. Grosvenor High School (inzwischen Grosvenor Grammar School) war und ist eine der renommiertesten Rugby-Schulen der Provinz (gegen die Blau-Grün-Weiß-Gestreiften habe ich oft gespielt). Das lehnte der Fußballwunderknabe irgendwann ab. Er informierte seine Eltern, dass er lieber die Mittelschule des Stadtteils, Lisnasharragh Secondary Intermediate, besuchen wolle. Da könne er nicht nur Fußball mit kompetenten Lehrer-Trainern spielen (die Schule hatte mehrere gute Spieler hervorgebracht), sondern dort seien auch all seine Kumpels aus der Grundschule. Die Eltern stimmten zu. Im Rückblick war die Wahl der Schule völlig nebensächlich; die Vorstellung, George Best wäre Lehrer, Anwalt, Bankangestellter, Koch oder Bauarbeiter geworden, ist einfach unerträglich. Dann zog er ohne Eltern (vielleicht für seine weitere Entwicklung ein Fehler) nach Manchester, wo er mit anderen jungen ledigen Spielern und Nachwuchstalenten in der Vereinspension der legendären Mary Fullaway wohnte.

Cregagh war damals fast ausschließlich protestantisch-loyalistisch. Georges Vater Dickie war, wie viele Werftarbeiter im Osten Belfasts, ein aktives Mitglied des Oranien-Ordens. Wie sein berühm-

1 Das kleine Reihenhaus, 16 Burren Way, Belfast BT6 0DW, jetzt in George Best House umgetauft und radikal renoviert, ist eine Kult-Ferienwohnung geworden, wo man umringt von Best-Memorabilien wohnen kann.

ter Belfaster Landsmann, Flötist James Galway, wuchs George in der Subkultur der loyalistischen Marschkapellen auf. Trotz seiner Herkunft nahm Best nie Stellung zur Situation in Nordirland und bekannte sich gewiss nicht zur loyalistischen Sache. Eher im Gegenteil: Er gab seinem Sohn den gälischen Namen Calum, und er spielte in der nomadenhaften zweiten Hälfte seiner Karriere (eher »Nachkarriere«) für zwei als republikanisch geltende und in Grün auflaufende Mannschaften: Hibernian FC in Edinburgh und Cork Celtic im tiefsten Süden der Republik. Auch plädierte er gelegentlich für eine gesamtirische Nationalmannschaft, allerdings betonte er vorsichtig dabei, das sei keineswegs eine gesamtpolitische Position, sondern eher aus fußballtaktischen Gründen und analog zur gesamtirischen Rugby-Nationalmannschaft.

Ein Grund für seine Neutralität mag sein, dass er so früh aus der Enge der Subkultur befreit wurde, die so viele junge Leute verblödet und verschlungen hat. Er kam mit 15 Jahren (Anfang der sechziger Jahre) ins damals schon liberale England, und war dort bereits heimisch, als sich alles änderte. Seine ersten Triumphe mit United feierte er 1963, also in dem Jahr, als die Beatles begannen, die Sozial- und Kulturgeschichte Britanniens neu zu schreiben. Zur neuen Akzeptanz von Mitgliedern der Arbeiterklasse als öffentliche Persönlichkeiten und Vorbilder kam hinzu, dass es plötzlich in Ordnung war, mit einem regionalen Akzent zu sprechen. Neben dem »Liverpudlian« konnte man auch bald im Radio und Fernsehen regelmäßig die nordirische Aussprache und Betonungsmelodie eines Kultfußballers hören. Wegen der historischen Stadtrivalität im Nordwesten ließ es sich Manchester nicht nehmen, Konkurrenz aufzufahren. Auf die Fab Four, die Searchers und Gerry and the Pacemakers in Liverpool folgten die Hollies, Freddie and the Dreamers und andere aus Manchester. Überall schossen Clubs, Cafés und Boutiquen wie Pilze aus dem Boden. George war immer dabei, schon als Teenager, ob als Champagnerpyramidenbauer im Club oder ab 1967 als Boutiquenbesitzer. Mit seinem Flair, seinem Aussehen, seinem Geld, seinen Schlitten, seinen Mädchen und seiner Frisur wurde er zur Ikone, zum Symbol der Swinging Sixties. 1966 war es dann so weit, dass die Welle über die Grenzen von Manchester und England hinausschwappte. Nachdem er, noch 19-jährig, beim Viertelfinale des Europapokals in

Lissabon Benfica fast im Alleingang 5–1 auseinandernahm, wurde Best von einem portugiesischen Journalisten als *O Quinto Beatle*, der fünfte Beatle, getauft (was unter anderem John Lennon auf die Palme brachte). Das hatte ihm letztendlich den Kopf verdreht, und so endete alles im Alkoholismus. Trotzdem bot er Samstag für Samstag und mittwochs in Europa konstant gute Leistungen. Er blieb meistens der perfekte Profi – gefeiert und gesoffen wurde nie vor dem Spiel. 1965 und 1967 Landesmeister, dann 1968 mit 22 Jahren der Europapokal.

Höhenflug und Niedergang von George, knapp zusammengefasst: 1968 wurde er britischer und europäischer Fußballer des Jahres; 2003 war er so pleite, dass er gezwungen war, beide Trophäen versteigern zu lassen. Die europäische brachte ihm £167.000 ein.

Es ist schade, dass dieser Mensch hierzulande eher als Sprücheklopfer (es waren übrigens immer witzige, kluge und selbstironische Sprüche) oder Säufer in Erinnerung bleibt. Als er 2005 sterbenskrank darniederlag, ließ er sich von der Sonntagszeitung *News of the World* mit dem Auftrag fotografieren, ihn als abschreckendes Beispiel für Alkoholmissbrauch zu zeigen. Die Bildunterschrift zitierte ihn: »Don't die like me.« Nur fünf Tage später wurde er in meiner Heimat von beiden politisch-religiösen Seiten betrauert, seine Beerdigung war ein riesiges Staatsbegräbnis, live im Fernsehen bei BBC NI and BBC Manchester. Es wurde per Public Viewing im Exchange Square Manchester übertragen. Abgesehen von den fast 100.000, die von Burren Way zum Parlamentsgebäude Stormont Spalier standen, hatten sich auch 20.000 vor Stormont versammelt. Zu diesem Anlass habe ich das folgende Gedicht geschrieben.

The boy from Lisnasharragh

»He carried us for so long. It was an honour to carry him.« (Derek Dougan, NI-Mannschaftskamerad und Sargträger bei der Beerdigung von George Best, 2005)

Your death, like memories of all those swerves and
goals, was all in action replay: for over a week
we hung on, scratching for bulletins in the dirt,
before the final score came in, interrupting the radio.

The *Tagesschau*, the German TV news,
was briefly full of Belfast streets again:
slow-marching Loyalists and Nationalists, maybe not
exactly arm in arm but temporarily heart on heart:
short shuffled steps, a piper in lament.

That slow-mo funeral, the telephoto zooming out
over the road to Stormont, past old Carson's statue.

The town arranged a rain the way that only Ulster can:
black black the day but on the coffin lid a scarlet blaze –
the roar of the Stretford End alive for one last time;
the red and the black, the orange flame united
with the wearing of the green.

And at Old Trafford, on the fences round the ground,
above the photographs and teddy bears, hung
red-hand Ulster flags and Celtic shirts, if not
exactly hand in hand, then briefly side by side.

Dein Tod kam wie in Zeitlupe, wie all unsere Erinnerungen an deine Finten und Tore. Über eine Woche lang hingen wir herum und warteten auf Bulletins aus dem Krankenhaus. Dann das endgültige Aus. Radiosendungen wurden unterbrochen.

An jenem Abend war die Tagesschau für einen Moment wieder voller Bilder von Belfasts Straßen. Loyalisten und Republikaner in einem Trauermarsch – vielleicht nicht gerade Arm in Arm, aber vorübergehend Herz an Herz. Der Trauerzug schob sich langsam vorwärts, ein Dudelsackspieler spielte ein Klagelied. Bei dieser Zeitlupentempo-Bestattung zoomte das Teleobjektiv über die Straße nach Stormont, über die Statue des alten Carson[1] *hinweg.*

Als hätte die Stadt ihn bestellt, ging ein Regenguss hernieder, wie dies nur im Norden Irlands möglich ist. Der Tag war finster, aber auf dem Sarg leuchteten rote Rosen, als ob das Feuer der Stretford-End-Kurve ein letztes Mal für dich entzündet würde. Zwischen den rot-schwarzen Vereinsfarben loderte die orangefarbene Flamme, daneben das Rasengrün des Abdecktuchs.

Und an den Stadionzäunen von Old Trafford hingen neben Fotos und Teddybären die Ulsterfahnen mit der roten Hand neben Celtic-Trikots, wenn nicht gerade Hand in Hand, dann doch für kurze Zeit Seite an Seite.

Übertragen ins Deutsche in Prosa von Elke Marion Weiß

---

1 Sir Edward Carson, später Baron Carson (1854–1935), war ein Dubliner Anwalt und unionistischer Politiker, der 1912 im Norden eine bewaffnete Freiwilligenmiliz, die Ulster Volunteer Force gründete. Er mobilisierte die Protestanten im Norden gegen britische Pläne, Irland Selbstständigkeit zu gewähren. So gilt er als Architekt der Trennung Irlands und Gründungsvater Nordirlands.

The Celtic Cross

Kärnten, Spätsommer 1977: Ich betrete eine österreichische Kneipe und schaue über die Köpfe der zahlenden Gäste auf einen Fernseher, der unter der Decke hängt. Grün-weiß spielt gegen blau-gelb. Es ist der dritte Spieltag der Bundesliga, also gehe ich zunächst davon aus, dass Werder gegen Eintracht Braunschweig spielt. Ich bestelle zwei Bier und gehe näher an den Fernseher heran.

Als ersten erkenne ich einen Torwart: Kaiserslauterns Ronnie Hellström; dann den Stürmer Roland Sandberg, auch vom 1. FCK, Jan Mattsson vom MSV Duisburg und der »Bayer« Conny Torstensson. Alles bekannte Sportschau-Gesichter – Jungs, die ich halt kenne. Der Groschen fällt: Vor mir habe ich die schwedische Nationalmannschaft.

Erst dann frage ich mich, wer der grün-weiße Gegner sein könnte. Erst als ich das große keltische Kreuz auf dem Trikot wahrnehme, fällt mir ein, dass ich meine eigene Nationalmannschaft anschaue. Jetzt wirklich vertieft, vergesse ich meine Frau und mein Bier, um das Spiel zu verfolgen. Als mir klar wird, dass ich mehr Schweden als Nordiren kenne und spätestens als ich Sandbergs Kopfballtor wirklich genießen kann, weiß ich, dass das das eigentliche Kreuz ist, das der Migrant zu tragen hat, dass ich nun endgültig ein Kandidat für ein Spießrutenlaufen um Fußballidentität bin.

Spanien und die neuen fetten Jahre

Die Weltmeisterschaft 1982 in Spanien hilft mir, mich wieder mit der Heimat zu identifizieren. Nordirland spielt gut und wird erster in einer starken Gruppe. Pat Jennings steht mit 37 immer noch im Tor; Norman Whiteside ist der jüngste Spieler des Turniers, und sogar die deutschen Fernseh-Kommentatoren ziehen schon Parallelen zum siebzehnjährigen Pele 1958 in Schweden. An dem Abend, wo wir (0–0) gegen Jugoslawien spielen, verrate ich einem Kellner im Balkanrestaurant Lukullus im Steintor, wo ich herkomme. Wir werden – obwohl Gegner – zu Verbündeten in der Fremde: Ich werde mit *šljivovica* überhäuft und darf das Spiel in der Küche mitgucken.

Ein paar Tage später, am 25. Juni, schlägt Nordirland mit einem Tor von Gerry Armstrong (Tottenham Hotspur) Gastgeber Spanien 1–0. Am 4. Juli dann eine Wasserscheide: Es wird das erste Kind in unserem engeren Freundeskreis geboren. Der junge Vater, unser Mitbewohner Horst, gerade mit seinem HSV Deutscher Meister geworden und nur noch ein Jahr vom Höhepunkt seines eigenen Fußballlebens – dem Gewinn des Europapokals – entfernt, verpasst gerade das Spiel zwischen Nordirland und Frankreich (leider 1–4) wegen Kreißsaaleinsatzes, aber dafür gibt es danach eine Doppelfeier mit Haake-Beck. Mit dem kleinen Tilman wird nun endlich für Nachwuchs unter den Kuhhirten-Kickers gesorgt, und ich bin wieder wer im internationalen Fußball.

Außerdem ist es erst ein paar Wochen her, dass der SVW am Ende der Aufstiegssaison sogar auf einem UEFA-Pokal-Platz steht. Mit mir wird auch bald in Europa zu rechnen sein. Endlich wird der Traum vom europäischen Mittwochabendspiel wahr. Die nächsten fetten Jahre haben begonnen.

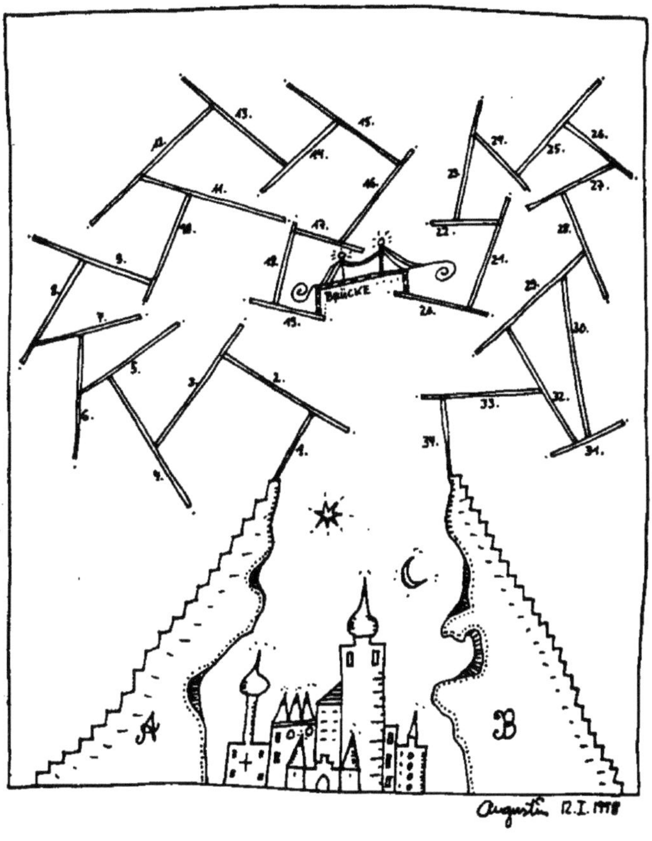

Michael Augustin, »Brücke von A nach B«.
Aus *Diagonal*: Zeitschrift der Universität-Gesamthochschule Siegen, Jg. 1998, Heft 2

Kleines Sportschaulexikon

gleich
Das nächste Spiel kommt erst, nachdem wir drei Werbespots gezeigt haben und danach das Wort »Werbung« erscheint. Dann kommt viel Werbung, und danach erscheint wieder das Wort »Werbung«, so, als wäre die Werbung vorbei, wobei aber noch drei Werbespots (Auto, Bier, Baumarkt) kommen, bevor es wieder losgeht.

Wie wird die Manschaft jetzt reagieren?
Ja, mir ist klar, dass ihr alle im Zeitalter von Smartphones und Internet wisst, wie es ausgegangen ist, aber ich muss so tun, als ob ihr es nicht wüsstet, weil es noch ein paar Ewiggestrige ohne Kicker-Live-Ticker oder App gibt.

Ja, gut
Wir haben verloren.

Es ist egal, wer von uns die Tore schießt
Ich bin so was von geil darauf, und unsere Stürmer sind absolut unfähig, also muss ich das halt übernehmen.

meine Jungs
Wir haben gewonnen.

meine Mannschaft
Wir haben verloren. Meine Tage als Trainer sind gezählt.

... viel vorgenommen
Wir haben verloren.

Wir haben nicht umgesetzt, was wir wollten.
Wir haben gerade 5–0 gegen Bayern verloren.

Die Fehler abstellen, weiter arbeiten
Nee, ich habe auch keine Ahnung, wie ich der Mannschaft das Fußballspielen beibringen kann.

Der Vorstand steht hinter dem Trainer.
(Ja, Sie wissen schon …)

So ist das Geschäft.
Ich weiß, dass letzte Woche behauptet wurde, dass der Vorstand hinter mir steht, aber ich habe es genau so wenig geglaubt wie Sie.

in beidseitigem Einverständnis
Der ist weg. Das haben Sie schon letzte Woche gewusst.

Ich muss die Entscheidung des Trainers akzeptieren.
Was soll ich sonst sagen, wenn ich auf der Bank bleibe, weil der Typ seinen Liebling ständig aufstellt, obwohl der kein Scheunentor treffen kann.

Derby
Die Mannschaften kommen beide aus Nord-, Süd, Ost- oder Westdeutschland, oder: beide Mannschaften leben nicht mehr als 100 km von einander entfernt.[1]

Obige oder ähnliche Formulierungen werden denjenigen unter uns bekannt sein, die die ARD-Sportschau noch anschauen. Die ersten beiden stammen vom Moderator, der Rest von Spielern und Trainern.

---

1 In Großbritannien gilt der Begriff »Derby« (Darby ausgesprochen, so wie die Stadt selber) nämlich nur, wenn beide Mannschaften aus derselben Stadt (z.B. Liverpool-Everton als »Merseyside Derby«) oder im Fall London, wenn sie aus dem Norden (Tottenham-Arsenal), Westen (Chelsea-Fulham) oder Osten (West Ham-Leyton Orient) kommen. Tottenham Hotspur gegen Chelsea gilt in England nicht als Derby. (Allerdings werden in letzter Zeit wegen der »neuen« Rivalität [auch der Animositäten zwischen den Trainern Mourinho und Wenger] die Arsenal-Chelsea-Paarungen neumodisch gelegentlich als Derby bezeichnet.).

Letztere gibt es natürlich in allen Medien und auf allen Kanälen zu lesen oder zu hören, und die kryptischen Aussagen können natürlich nicht allein dieser Sendung vorgeworfen werden. *So ist aber das Geschäft*, wenn ich mir erlauben darf, eines dieser Klischees kurz auszuleihen. Allein: Ich gehöre zu denen, für die »Live«-Fußball immer noch Stadion heißt; ich habe und brauche kein Pay-TV. Dafür schaue ich immer noch samstags um 18.30 ARD und habe gewisse Erwartungen und Ansprüche über das, was ich mit meinen GEZ-Gebühren mitfinanziere.

Da ist zunächst die Werbung. Manchmal hat man um 20 Uhr den Eindruck, man habe mehr Werbespots als Tore gesehen. Und: Ich weiß, dass die Bilder von einem Pay-TV-Sender kontrolliert und immer teurer werden, aber wie konnte es so weit kommen? Früher hatten ARD und ZDF eigene Kameras in den Stadien, so dass es sich lohnte, spät am Abend das Aktuelle Sportstudio zu schauen, um einen anderen Blickwinkel auf die Spiele zu bekommen. Nun ist alles glatt – die gleichen Bilder, die gleichen Sprüche.

Ist die Sportschau in der Informationsflutgesellschaft zu einem Anachronismus geworden? Es ist klar, dass es an einem Samstagnachmittag inzwischen sehr schwierig ist, sich der Spielstandinformation zu entziehen. Früher, wenn man um 18.30 unbedingt nichts wissen wollte, war das einzige Problem der zu laute Radioapparat der Nachbarn. Heutzutage piepst ein Smartphone neben einem an der Bushaltestelle, ein junger Mensch stößt die Faust in die Luft und sagt: »Yay, Eins-Null, Pizarro.« Oder man schaut neugierig, ob der Lieblingsitaliener an der Ecke schon offen hat, sieht den Flimmerschirm an der Hinterwand und bleibt stehen. Es ist Jahre her, dass ich spätnachmittags einem Bekannten sagte: »Na, toll mit Werder, was?« und er beide Hände über die Ohren hielt und schrie: »Och nee, jetzt hast du mir die Sportschau kaputtgemacht!«

Gibt es Fußballfreunde, die um 19 Uhr 17 die Antwort auf die Fragen vor dem Spielbericht (oder eher vor dem nächsten Werbeblock) *wirklich* nicht wissen? Fragen wie: *»Nach drei Niederlagen hintereinander und dem Rausschmiss von Armin Veh, wie würde die verunsicherte Mannschaft der Eintracht unter dem neuen, fremden Trainer reagieren?«* Oder: *»Ist die Mannschaft vom VfL in der Lage, die tolle Leistungen in der Champions League auf den tristen Bundesligaalltag zu übertragen?«*

Selbst im Stadion weiß man durch das herüberschwappende Gemurmel lange vor der Bekanntgabe auf der Stadionleinwand, dass woanders ein wichtiges Tor für oder gegen einen Rivalen gefallen ist. Durch die Tonart des Grummelns der Handybesitzer kann man auch feststellen, ob das Tor zugunsten der Heimmannschaft oder nicht in ihrem Sinne gefallen ist. Ironisch finde ich es auch, dass die Information auf der Leinwand bei uns in Bremen von der Lokalzeitung gesponsert wird und mit der Formulierung endet: »Morgen lesen«.

Was all dies toppt, ist die Tatsache, dass es seit 2011 sogar eine Sportschau-App gibt, mit der man ab 15.30 ständig angepiepst werden kann. Somit untergräbt die ARD selbst die Fiktion des naiven Nichtwissens. Befreit von der Charade, den Zuschauern vorzugaukeln, sie würden nichts vom Ausgang der Spiele wissen, könnten die (übrigens durchweg exzellenten) Moderatoren sich auf diese Weise Freiräume schaffen, um längere und besser geschnittene Beiträge anzubieten.

À propos Schnitt: Bekommen Sie bei der Sendung auch den Eindruck, dass Sie ein ganz anderes Spiel sehen, als Sie im Stadion erlebt haben? Diese Klage höre ich übrigens auch von Menschen, die die Spiele in der ARD-Radiokonferenz verfolgen. Selbstverständlich verstehe ich, dass die Spiele (oder mindestens die zweite Halbzeit) zwischen 17.20 und 18.45 in einem Kraftakt streng gekürzt, geschnitten und redigiert werden müssen. Aber genau deswegen haben meine GEZ-Gebühren für ein großes Redaktionsteam in Köln gesorgt. Trotzdem hat man bei der Sportschau den Eindruck, dass die Spiele oft eher auf das Endergebnis als auf die tatsächliche Dramaturgie zugeschnitten werden. Bei einem 0–1 in der 82. Minute zum Beispiel werden die Versuche, zum Ausgleich zu kommen, oft getilgt. Und es kann vorkommen, dass ein Spieler, der im Stadion eine großartige, aber unauffällige Leistung erbracht hat und einen Tag später in der Presse eine gute Note erhält, im Sportschau-Spielbericht buchstäblich unerwähnt bleibt. (Fragen Sie Florian Grillitsch.)

Aber genug des Meckerns. Zuallerletzt und trotz alledem eine persönliche Erklärung: Ich stehe total hinter der Sportschau. Ich werde sie mir auch nächsten Samstag wieder anschauen. Spekulationen, dass ich eine bessere sportliche Perspektive beim Pay-TV vermute, sind absolut grundlos. Es geht mir keineswegs ums Geld und um die Werbeverträge. Dabei steht der ganze Familienvorstand wie ein Mann hinter mir.

The Shankill Skinhead & Das letzte Aufbäumen

Es sind dreißig Jahre her, dass Nordirland sich für ein internationales Turnier qualifiziert hat: für die WM 1986. Es war das bisher letzte Aufbäumen eines kleinen »Landes«, das immerhin an zwei Weltmeisterschaften hintereinander beteiligt war. Vier Jahre liegen zwischen dem 1–0 Sieg (in Unterzahl) gegen WM-Gastgeber Spanien 1982 und der 0–3-Niederlage 1986 gegen Brasilien in Mexiko. Sie werden oft als eines von mehreren kleinen Goldenen Zeitaltern des nordirischen Fußballs betrachtet. An ihrem Ende stand das Abdanken einer Legende: Torwart Pat Jennings beendete mit 41 Jahren seine internationale Karriere als ältester Teilnehmer einer WM. Diese Jahre waren zugleich die Blütezeit des Spielers, der 1982 in Spanien mit 17 Jahren und 41 Tagen als *jüngster* Spieler aller Zeiten in Erscheinung trat und ebenfalls auf dem besten Wege war, eine Legende zu werden.

Norman Whiteside wuchs an der Shankill Road in einem mir gut bekannten protestantischen Armenviertel in West Belfast auf. Er wurde schon mit vierzehn von demselben Manchester United Scout nach England gelotst, der achtzehn Jahre zuvor George Best entdeckt hatte: dem Belfaster Werftarbeiter Bob Bishop. Die Parallelen zu Best sind zahlreich. Auch Whiteside war gleichermaßen beidfüssig, spielte sowohl als Stürmer wie als Spielmacher, auch er hatte Alkoholprobleme (obwohl er diese in den Griff bekam), und auch er hat seine Karriere frühzeitig – mit 26 – an den Nagel gehängt, weil sein rechtes Knie und die Achillessehne nicht mehr mitmachten. Er debütierte für die erste Mannschaft von United mit 16 Jahren, sogar jünger als Best. Aber vom Typ und vom Spiel her war er ganz anders. Er war zwar sehr robust, hatte aber lange Beine und wirkte unelegant und schlaksig. Er konnte auch austeilen, wenn er gelegentlich im defensiven Bereich eingesetzt war (undenkbar bei George Best). Wegen seines Körperbaus wirkte er kraftstrotzend – einer der Gründe, weshalb er die Herzen der Fans in Old Trafford eroberte. Sie nannten ihn »The Shankill Skinhead«.

Zweimal gewann er mit United den FA Cup: 1983 gegen Brighton and Hove Albion (das 2–0 mit dem Kopf, jüngster FA Endspielschütze aller Zeiten); und 1985 gegen den frisch gekürten Meister Everton, als er das Siegtor von ganz rechts außen mit dem linken Innenrist auf eine Art in die linke Torecke hinein bog, auf die David Beckham ein Dutzend Jahre später stolz gewesen wäre.

Sein legendärer Auftritt gegen Deutschland kam am 16. November 1983, als er in Hamburg gegen Karlheinz Förster das Siegtor zum 1–0 im Qualifikationsspiel für die EM 1984 machte.[1]

Nach dem erzwungenen Karriereende nahm Whiteside eine Auszeit, dann baute er sich ein neues Leben nach dem Fußball auf. Er taucht zwar immer noch als Fernsehexperte auf, u. a. bei Sky. Bei der UEFA Euro 2016 wird er bestimmt jedes Mal, wenn Nordirland spielt, eingesetzt und interviewt. Wenn die Green and White Army in Paris gegen Deutschland antritt, wird sein Tor gegen Karlheinz Förster immer wieder durch die britischen und irischen Wohnzimmer flimmern.

Vor allem aber erarbeitete er sich einen seriösen zweiten Beruf: Er machte seinen Bachelor in Podologie in Manchester und ist seit 2003 Chef-Podologe bei Manchester United. Das zweite Standbein des eloquenten Belfasters ist das eines *After Dinner Speaker*, eines äußerst gut bezahlten Tischredners bei besonderen Anlässen. Seine Themen: die *Glory Days* bei United und – Medizinische Fußpflege. Jede Fußballkarriere endet anders.

---

1 Vgl. den *kicker* vom 16. November 2015: »Whiteside und der schwarze Fleck«, S. 90f.

Glaube

»Wer nichts weiß, muss viel glauben«, lautet der kluge Spruch von Marie von Ebner-Eschenbach. Aber im Fußball weiß man nichts, jedenfalls nichts über die nächsten einhundertfünf Minuten. Das ist im *Theatre of Dreams* der schöne Unterschied zum eigentlichen Theater. Auch anders als auf der Theaterbühne ist, dass man als Zuschauer im Stadion natürlich massiv Einfluss darauf nehmen kann, wie das Stück zu Ende geht. Die bekannteste Art ist die laute Unterstützung der eigenen Mannschaft. So haben wir im Weser-Stadion öfter durch Lautstärke, Lebenskraft und puren Willen den Ball ins Netz getragen. Manchmal sind wir so stark, dass ich glauben könnte, Block 1 schaffe das allein.

Weniger bekannt sind die esoterischeren Methoden. Ich möchte nun dazu öffentlich Stellung nehmen, das heißt, mich gewissermaßen outen: Ich besitze und trage zu jedem Heimspiel ein grünes Glücks-T-Shirt. Gekauft wurde es 1999, als der Verein 100 Jahre alt wurde, und auf der Brust steht genau diese Botschaft. Es ist inzwischen so verblichen, dass ich sehr froh war, als ich von meinen Studierenden ein richtiges Werder-Trikot mit meinem Namen und der orangefarbenen Nummer 10 auf dem Rücken geschenkt bekam. Aber das nächste Heimspiel, das erste im neuen Trikot, ging verloren. Also bleibt die 1899er T-Shirt von Heimspiel zu Heimspiel im Heizungskeller hängen und wird jeden zweiten Samstag über den Kopf gezogen. Wenn es sehr hart kommt – Bayern oder Dortmund in Bremen etwa – ziehe ich beide an.

Bei einer Geburtstagsfeier im bürgerlichen Schwachhausen kam das Gespräch auf Fußball. Ich erzählte, dass ich Fan, ja sogar Jahreskarteninhaber sei. In der Runde befand sich eine mir unbekannte Dame, die vom *beautiful game* keine Ahnung hatte, außer dass sie es nicht mochte. Begeistert witterte ich die Chance, sie zu bekehren. Ich kam so ins Schwärmen, dass mir die Sache mit dem Glücks-T-Shirt herausrutschte.

»Was?« fuhr sie mich an. »Glauben Sie im Ernst, dass, wenn Sie das T-Shirt anhaben, Werder immer gewinnt?«

»Natürlich nicht«, erwiderte ich. »Das wäre Unsinn, der dümmste, primitivste Aberglaube – aber wenn ich es nicht anziehe, verliert Werder.«

Gesockse am Stadion

Die gutbürgerlichen Bremer Stadtteile, wo der alteingesessene Hanseat eher zu Tennis, Reiten oder Golf neigt, sind ein eher schwieriges Pflaster für den Fußballliebhaber, vor allem, wenn er es mit deren weiblicher Bevölkerung eines gewissen Alters zu tun hat.

Auf einer steifen Geburtstagsfeier in Horn-Lehe griff eine feine Dame, die nicht wusste, wo der Stadtteil Peterswerder liegt, die vom Gastgeber eingestreute Information auf, dass ich direkt neben dem Fußballstadion wohnte. Ob es mich nicht störe, fragte sie, regelmäßig so viele betrunkene Rowdys in meiner Straße zu haben?

»Nein«, antwortete ich. »Ich muss nur aufpassen, dass ich selber nicht im Suff in den eigenen Vorgarten pinkele.«

An ihrem angewiderten Gesichtsausdruck sah ich, dass die Ironie total an ihr vorbeigegangen war. Sinnlos auch, ihr die folgende einschlägige Geschichte zu erzählen:

Ich kam nach einem Abendspiel nach Hause in unsere Straße. Sie war, wie immer, in dieses warme Flutlichtgrün gebadet, das ich so liebe und das Teil meines Heimatgefühls geworden ist. Als ich meinen Haustürschlüssel aus der Innentasche zog, sah ich zwei besoffene Dicke an unserem Vorgartenzaun. Da pinkelte der eine doch tatsächlich in meinen schönen Vorgarten! Ohne zu zögern stürmte ich auf ihn zu und schubste ihn heftig. »Du Arschloch! Du pinkelst gegen das Fahrrad meiner Frau!«, schrie ich empört.

»Stimmt nicht«, entgegnete er. »Ich hab ganz bewusst neben das Fahrrad gezielt! Nur weil du mich angeschubst hast, hab ich das Rad getroffen.«

Mir blieb die Spucke weg. Was kann man gegen eine solche Logik machen? Mit der Polizei drohen? Die hat nach so einem Spiel eh genug am Hals. Sich den Perso zeigen lassen? Quatsch. Ich habe meinen auch nicht mit im Stadion. Also, was tun? Sich weiter aufplustern? Wohl eher nicht. Ein Blick über die Straße genügte mir nämlich, zu sehen, dass ich mit meiner Schreierei schon einige Schaulustige angezogen hatte.

Da gab sich der größere und weniger Betrunkene einen Ruck und sagte: »Sorry, es tut ihm leid.« Der Kopf des Kleineren schwankte hin und her, was man aber nicht unbedingt als Zustimmung werten konnte.

»Verpisst euch!«, raunte ich im Gangsterton.

Der Nüchternere umschlang seinen Freund und torkelte los. Nach ein paar Metern drehte er sich um und rief lachend: »Hat er doch schon.«

Das halbe Heimspiel

Deutschland–Nordirland, 2. Juni 1992 im Bremer Weser-Stadion

Zu meiner Linken sitzen drei Menschen aus der alten Heimat: Kerry, Austauschstudentin von der University of Ulster in Coleraine, im siebten Monat schwanger; ihr Lebenspartner Damian und deren fünfjährige Tochter Molly. Zu meiner Rechten sitzen drei Deutsche: unser Sohn Peter (acht Jahre alt), unser Freund Horst und sein Sohn Tilman (zehn Jahre). Ich schaue wieder der nordirischen Nationalmannschaft zu, dieses Mal aber nur drei Minuten Fußweg von meiner deutschen Wohnung entfernt. Die Sitzordnung ist symbolisch; ich bin der Vermittler, der Grenzgänger, der Simultanübersetzer. Nach links plaudere ich auf Englisch mit Kerry and Damian, erkläre alles der kleinen Molly; rechts höre ich auf Deutsch zu, wie Peter sich darüber erstaunt, zum ersten Mal Rudi Völler and Jürgen Klinsmann ›in echt‹ zu sehen. Es ist sein allererstes Spiel live im Stadion.

* * *

Wir wohnen direkt neben dem Stadion, also konnte ich in der Mittagshitze in seinem kühlen Schatten längst vor dem Anstoß flanieren gehen. Ich schaute zu, wie die Souvenir- und Bratwurstverkäufer ihre Buden aufbauten. An einem kam ich vorbei, den ich von samstags nachmittags kannte, einem, der bei Heimspielen Werderschals und -fahnen verkauft. Über seiner kleinen Hütte hing – in Freundschaft mit der schwarz-rot-goldenen Trikolore meiner Wahlheimat gekreuzt – die grün-weiß-orange Trikolore der irischen Republik, also des *falschen* Teils der grünen Insel, aus der ich komme. Ich wies ihn auf seinen Fehler hin, gab ihm kurz Nachhilfeunterricht in der irischen Landeskunde. *Wie hätten Sie es gefunden, wenn Sie vor der Wende zum Länderspiel in Belfast angekommen wären, und da flattert vorm Stadion die Fahne der DDR?* Aber er blieb unbeeindruckt.

* * *

Plötzlich, und unerwartet, unglaublich führt Nordirland eins–null. Vier von uns sieben springen hoch. Kerrys ungeborenes Kind kommt dem Herrn in der Reihe vor ihr gefährlich nah. Molly schmeißt ihre Cola um. Damian und ich umarmen uns. In diesem glorreichen Augenblick wende ich mich mit erhobenen Armen dem weiten Bogen der Westkurve zu und blicke auf ein Meer von versteinerten Gesichtern, darunter das meines Sohnes.

Auf den Stehplätzen unter uns feiert ekstatisch eine Traube von nordirischen Skinheads. Seit lange vor dem Anstoß singen sie eine aggressive Auswahl von protestantisch-loyalistischen Liedern, und zwar in einem halsbrecherischen Punk-Tempo, auf das die Pogues stolz wären. Sie tragen rot, weiß, blau – und die orange Farbe ihres niederländischen Helden ›King Billy‹ –William III; weit und breit kein grün. In der Halbzeitpause verbrennen sie die irische Trikolore, die ich draußen gesehen habe. Ich habe ihm doch Bescheid gesagt. *The man can't say I didn't warn him.* Als ich aufstehe, um mich zu strecken und den lädierten Rücken zu entlasten, klopft mir einer auf die Schulter und fragt: Was sind Sie eigentlich für einer? Ich erkläre ihm meinen Loyalitätskonflikt und fühle mich unsicher.

In der zweiten Halbzeit greift die deutsche Elf unentwegt das Tor von Tommy Wright an. Es ist nur eine Frage der Zeit, bis die Logik und der Verstand sich durchsetzen. Deutschland gleicht aus und am Ende können wir froh sein, dass es beim Unentschieden bleibt. Die Gruppe unter uns unterbricht keine Sekunde lang ihre bigotte Begeisterung. Beim Abpfiff passiert dann was Unglaubliches. Der nordirische Spielführer Mal Donaghy, vom Namen her für Nordirland-Kenner eindeutig katholisch und daher kein Freund von Loyalistenliedern, kommt an den Zaun, wo die Skins stehen, und dankt ihnen für ihre Unterstützung! Die deutschen Zuschauer um mich herum applaudieren ihm wiederum. Wie könnte ich ihnen erklären, was da abgeht?

Treffen im Rotlichtmilieu

Im März 1993 erhalte ich einen Anruf von meinem Freund Jürgen Dragowski, der zu dieser Zeit beim Bremer Fan-Projekt aktiv ist. Ob ich nicht Lust hätte, mich mit meinen muttersprachlichen Kenntnissen nützlich zu machen und eine Gruppe englischer Fans vor dem nächsten Heimspiel zu betreuen?

»Aber sicher. Wo kommen sie her?«

»Leeds.«

Mein Schweigen ist offensichtlich lang genug, um Jürgen nachfragen zu lassen, ob ich noch da sei.

»Ja, warum nicht? Klar. Mache ich.«

Begeisterung höre sich anders an, erwidert er. Ob ich Bedenken hätte?

Leeds United gehörte für mich in meiner Kindheit und Jugend in eine Schublade mit der Aufschrift »Das Böse«: schlimmer als die Spurs aus Tottenham, schlimmer als Arsenal, die den langsamsten und langweiligsten Fußball spielten, den man sich vorstellen konnte, schlimmer sogar als die Stadtrivalen Man City. Eine Kloppertruppe, deren zweifelhaftes Aushängeschild der große schlaksige Bruder »meines« Bobby Charlton war: der brutale Vorstopper Jackie. In den Siebzigern war es der rotschopfige schottische Mittelfeldbeißer Billy Bremner gewesen, der diese Rolle inne hatte und ganz Fußball-Europa unsicher machte – zu einer Zeit also, als mein United gerade am Absteigen war. Hinzu kam, dass sie seit den Sechzigern eine Anhängerschaft hatten, die sich im Skinhead-Milieu tummelte und mit entsprechend rechten Parolen daherkam.

»Bedenken. Wie soll ich Bedenken haben. Lass die kommen.«

Am Samstagmorgen trafen wir uns hinter der Ostkurve, von wo aus wir mit einem Vereinsbus in die Stadt gebracht wurden. Wir sollten nach dem Sightseeing zurück zum Stadion laufen, um da die Eintrittskarten für die Gruppe abzuholen. Es war eine lustige Bande, zwar ein paar Skins dabei, aber ohne Spuren von Rassismus oder sonstigen Auffälligkeiten. Ich bot ihnen das ganze Stadtmitte-Programm – Rathaus (ach wie köstlich die entsetzten Gesichter der Essenden, als ich mit »meinen« Skinheads die Treppe zum Ratskeller herunterkam; Heinrich Heine hätte seinen Spaß daran gehabt); Dom; Böttcherstraße; Schnoor; Martinianleger. Die Jungs waren entsprechend beeindruckt. Ihre Heimatstadt im Norden, einst die Woll- und Maschinenbau-Hauptstadt Englands, war zu einem grauen Slum verkommen, das erst später durch Hightech und den Dienstleistungsbereich neuen Glanz erwerben sollte. So zeigte der den Touristen vorgegaukelte hanseatische Glanz Bremens durchaus Wirkung.

Dann war es Zeit, sich auf den Rückweg zum Stadion zu machen. Weil die Jungs den Fluss schon gesehen hatten, entschied ich, nicht an der schönen Weserpromenade zurückzulaufen, sondern durch Bremens spannendes »Viertel« zu gehen, das eine breite Palette von Freizeitangeboten bietet: Bars, Cafés, Restaurants, Kiosks, aber auch gemütliche Wohnnebenstraßen, drei Supermärkte, zwei Kinos, Videoverleihe, türkische und arabische Lebensmittelläden und – ach ja, und die Helenenstraße.

»Unsere« Bordellstraße befindet sich seit 1878 weder in einem schmuddeligen Bahnhofsviertel noch, wie in Hamburg, als Touristen- und Bauernfalle in einem separaten Stadtteil, sondern – um »controllierte und reglementierte Prostitution« zu ermöglichen – mitten in diesem zentralen Wohngebiet, wo Abend für Abend Clubber auf Gassi gehende Rentner treffen, wo nachmittags feine Damen Kaffee und Kuchen und abends Schüler Döner zu sich nehmen. Bis vor circa zehn Jahren war der Zutritt zur Helenenstraße für weibliche Personen, die keine Huren waren, verboten. Minderjährigen ist der Zutritt immer noch untersagt. Der Eingang ist so schmuddelig wie eindeutig: primitiv gemalte halbnackte Mädels heißen einen willkommen.

Als wir uns dem Ziegenmarkt nähern, der gegenüber der Helenenstraße liegt und samstags einen Ökomarkt bietet, wird mir mulmig. Andy, einer der jüngsten aus Leeds, sieht die beiden angemalten Damen und fragt: »What's that, Ian?«

»Nothing«, antworte ich, aber es ist zu spät. Die ersten beiden sind schon drin, und deren Begeisterungsschreie ziehen den Rest hinein.

Als Betreuer muss ich natürlich hinterher, und plötzlich stehe ich dort, wo ich in über zwanzig Jahren Bremen nie gestanden habe. Ich hole die Gruppe zusammen und versuche, alles historisch zu erklären, wie in der Böttcherstraße und im Schnoor. Bei der Erwähnung der kontrollierten und reglementierten Prostitution gibt es weitere Freudenschreie: »Yeah. Right on! *Coool.*« Für Briten ist legalisierte und offene Prostitution in dieser Form einfach undenkbar. Die ersten Huren schauen raus und fragen, was vorgeht. Hoffentlich holen sie keine Polizei, nicht zuletzt, weil ein Vierzehnjähriger dabei ist. Das sage ich nun auch, aber ohne nennenswerten Erfolg. Erst als ich darauf hinweise, dass wir um 13 Uhr zum Empfang am Stadion sein müssen und noch ein bisschen zu laufen haben, machen sie Anstalten umzukehren. Wir tauchen wieder ins geschäftige Alltagsleben des Viertels: Autos, Biomarkt, Radfahrer, Einkaufstüten.

Und genau dort, vor dem Supermarkt, steht neben einer älteren Frau (*Oh mein Gott – ihre Mutter?*) eine meiner Studentinnen, bildhübsch, mit klaren blauen Augen, die gerade Blickkontakt mit mir finden. Sie hebt die Hand zum Gruß, doch plötzlich fällt ein Schatten über ihr Gesicht und ihr Lächeln erlischt. Sie begreift zweierlei: Dass ich aus der Helenenstraße komme und dass ich offensichtlich Anführer einer Skinhead-Hooliganbande bin. Nein, so einen stellt man der Mutter nicht vor. Ich versuche es mit einem hilflosen Blick: *Ich weiß, was du denkst, aber ich kann wirklich nichts dafür.* Aber da hat sie sich schon längst weggedreht. Am Montag war sie nicht im Seminar.

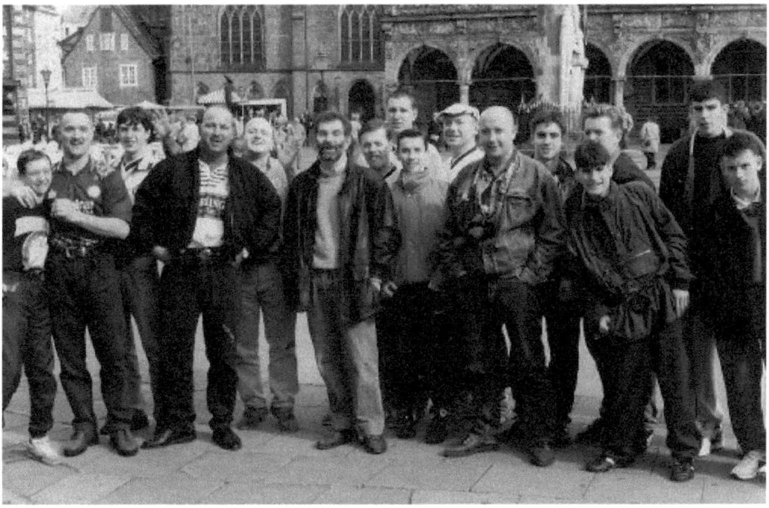

Bei einem Stadtbummel und in der Ostkurve betreut der Autor am 20. März 1993 im Auftrag des Bremer Fan-Projekts eine Fan-Delegation von Leeds United FC – keine leichte Aufgabe für einen Manchester United Fan. Werder schlägt Schalke 2–0

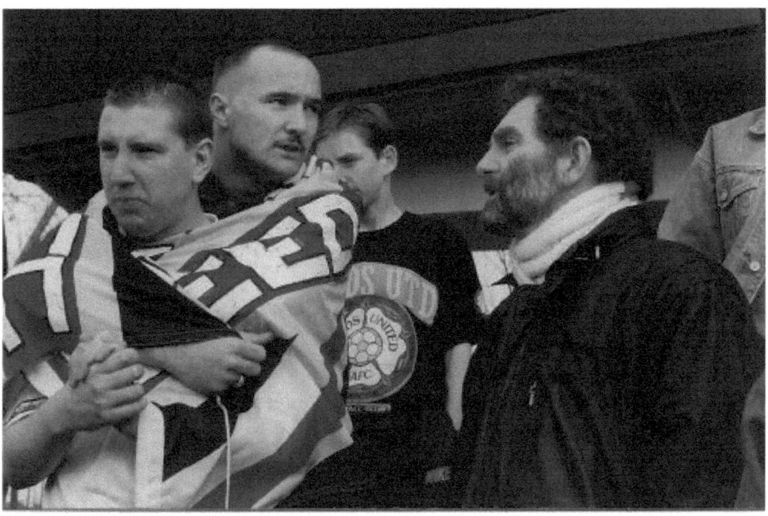

Der Milk Cup | Werder in Nordirland

Coleraine, im Juli 1993

Im Wohnzimmer ihrer Großeltern in Belfast, mitten in den Lokalnachrichten, schreien plötzlich die Kinder auf: »Papa, Papa, da ist Werder! Werder ist im Fernsehen!« Ich stürze herein aus der Küche. In der Tat: Zwischen den Berichten über *sectarian killings* – religiöspolitisch motivierte Morde – läuft ein Feature über die Eröffnungsfeier des internationalen Northern Ireland Milk Cup-Jugendturniers im Nordwesten der Provinz. Initiator des Turniers ist kein anderer als der alte 58er Bertie Peacock von Celtic und Nordirland, der aus Coleraine stammt und dort beim örtlichen Fußballverein auch mal Trainer war. An Ehrengast Billy Bingham, Trainer der nordirischen Nationalmannschaft, ziehen grün-weiße Fahnen mit unserem Werder-Karo vorbei. Wir telefonieren mit dem Fußballverband IFA und erfahren, dass Werder am anderen Tag in Portstewart an der Nordküste spielt. Die Straßen sind eng, wir kommen zu spät, treffen die B-Jugend des SVW gerade beim Verlassen der Kabine. Wir werden stürmisch begrüßt, die Kinder werden mit Werder Merchandising-Artikeln überhäuft. Die Jungs haben das Endspiel der Stena-Sealink Rose Bowl erreicht, des Wettbewerbs für die Mannschaften, die in der ersten Runde ausgeschieden sind. Wir müssen versprechen, am nächsten Tag zum Finale in Coleraine zurückzukommen.

Wir kaufen ein Turnierprogrammheft und finden die Werderseite mit Mannschaftsfoto und Spielerliste. Etliches geht leider *lost in translation*. Der Werdercoach Hans Loßmann wird natürlich als Lobmann geführt. Werders Nr. 18 geht sogar in die Fußballgeschichte als »Nachgereicht, Wird« ein. Die Elf vom FC Augsburg enthält einen Jungen namens Andrens und einen Aohim. Wann wird es uns Sprachlehrern gelingen, unsere Lerner zu überzeugen, dass die Beherrschung der Handschrift der Fremden auch zur kulturellen Kompetenz gehört? Gott sei Dank hat der Mensch, der bei Grasshoppers Zürich das Anmeldeformular ausfüllte, daran gedacht, Mueller und Wuergler ohne Umlaut zu buchstabieren.

Auf dem Rückweg nach Belfast machen wir eine Pause in Ballymoney für das Halbfinale des eigentlichen Turniers. Das ist eine andere Welt als der Jugendfußball, den wir aus Deutschland kennen. Hier spielen vor 12.000 fußballhungrigen Einheimischen gut verdienende Teen-Profis gegeneinander: Glasgow Rangers 2, Manchester United 1. Wir befinden uns im tiefsten loyalistischen Paisleyland, wo es zur Ehre gehört, Fan der protestantischen Rangers zu sein, aber die Aufmerksamkeit der Einheimischen konzentriert sich trotzdem zum größten Teil auf Phil Mulryne, einen fünfzehnjährigen katholischen Jungen aus dem republikanischen Andersonstown in West-Belfast, der in Old Trafford schon einen Profivertrag hat. Er wird nach der Pause eingewechselt, ein eleganter Rechtsfüßler, der an der linken Außenbahn spielt. Am Ball ist er einfach atemberaubend. Er erinnert uns an Wynton Rufer. Mulryne hat bei United den großen Durchbruch nie geschafft und wurde 1999 für £500.000 an Norwich City verkauft, wo er 2004 entscheidende Tore beim Aufstieg der gelbgrünern Kanarienvögel beisteuerte. Unbemerkt von uns allen – und erst nach Jahren bei einer zufälligen Nostalgielektüre des Programmhefts entdeckt – blieb der junge Aufpasser hinter Mulryne mit der Nummer 4, ein unauffälliger Sechzehnjähriger namens Phil Neville, der inzwischen mehr als 50 Einsätze für die englische Nationalmannschaft verbucht hat. Und überhaupt: Die Lektüre des Programmhefts ist aus heutiger Sicht interessant und wirft ein paar Namen auf, die uns bekannt sind. Bei den damaligen U-16ern spielt die 16 sogar eine wichtige Rolle. Als einziger Werder-Spieler hat die Nummer 16 Erhan Albayrak den Sprung in die Bundesliga geschafft, wo er es in der Saison 1995/96 auf 2 Einsätze für den SVW brachte.[1] Beim zweiten Anlauf in Deutschland (nach einem fünfjährigen Verschwinden in die

1 Albayrak ist mit 39 Jahren immer noch spielberechtigt. Nach einer Karriere bei u.a. Arminia Bielefeld und Fenerbahce spielt er seit Januar 2015 im linken Mittelfeld des Harburger TB von 1865 (Bezirksliga Süd, Hamburg).

Versenkung der türkischen Provinz) hatte er zwei gute Jahre (inklusiv Bundesliga-Aufstieg) mit Arminia Bielefeld. Bis 2009 spielte der in Hamburg geborene Mittelfeldmann mitten in der ersten türkischen Liga bei Konyaspor (grün-weiß!) mit der Rückennummer 11. Beim FC Augsburg finden wir als Nummer 16 Torwart Darius Kampa (später Mönchengladbach und Nürnberg) und ganz versteckt bei der Schülerauswahl – gleichfalls mit der Nummer 16 – der zukünftige nordirische Nationaltorwart Roy Carroll von Manchester United. Die kleine Nummer 4 bei Crewe Alexandra hat es auf 249 Premiership- und Pokalspiele und 44 Tore für den Liverpooler FC sowie neun Einsätze für England gebracht: kein anderer als Danny Murphy.[1]

Am nächsten, nieseligen Tag, dem Tag »unseres« Endspiels – gegen Dundalk SBL aus der Republik Irland – ist Markt in Coleraine. Unter dem Dach der frisch und hübsch renovierten Tribüne drängen sich ein paar hundert muffig angetrunkene Bauer im Trockenen. Sie betrachten das Spiel offensichtlich als Schlacht zwischen zwei alten Feinden – demjenigen, gegen den man im zweiten Weltkrieg kämpfte, und dem, der dabei neutral blieb. Ich spüre die Last, die diese dreißig hochmotivierten, unschuldigen Teenager heute herumschleppen. Die Bremer merken allerdings nichts von alledem, was eigentlich vor sich geht, aber die Jungs aus Dundalk müssen doch bestimmt etwas mitkriegen, die eine oder andere sektiererische Beleidigung aufschnappen. Von hinter mir höre ich deutlich das alte protestantisch-nordirische Schimpfwort für Katholiken: *Fenians*.

Ich entschließe mich also, Flagge zu zeigen – und zwar nicht die rot-weiß-blaue. Zusammen mit den beiden Kindern initiiere ich

1 Unter »Milk Cup« bei Wikipedia (engl.) sind die Namen einer ganzen Reihe von Spielern zu lesen, die über dieses Jugendturnier in eine große Profikarriere eingestiegen sind. Zu den in Deutschland sicherlich bekannten gehören die Deutschen Thomas Hitzelsperger und Mats Hummels (beide damals Bayern München), aus Manchester United Ryan Giggs, Owen Hargreaves (auch später Bayern), Gary Neville, Nicky Butt, Wayne Rooney und Michael Carrick. Genauso bekannt hierzulande wären Radamel Falcao, Peter Crouch, Steve Macmanaman oder Joe Cole.

einen Sprachchordialog mit den Werder-Jungs auf der Ersatzbank: *Wer ist deutscher Meister? SVW! Wen woll'n wir lynchen? Bayern München!* Hinter uns trieft es vor Unbehagen. Anspielungen auf laute Touristen werden gemacht, dann höre ich: Krauts. Ich drehe mich um und erwidere ihren (im doppelten Sinne) rustikalen Tönen im dickstmöglich aufgetragenen Belfaster Großstadtakzent, den ich aufbringen kann, indem ich kundtue, dass ich jedes Wort von ihnen verstehe. Saures Schweigen. Aber meine Kinder strahlen weiter, und als wir die Tribüne verlassen, um frischere Luft zu schnappen, guckt endlich die Sonne heraus. Am Ende gewinnt Werder 5–0, aber ich habe das schleichende Gefühl, dass ich etwas verloren habe.

UNDER 16 **GROUP 1**

SV Werder Bremen

• GERMANY •

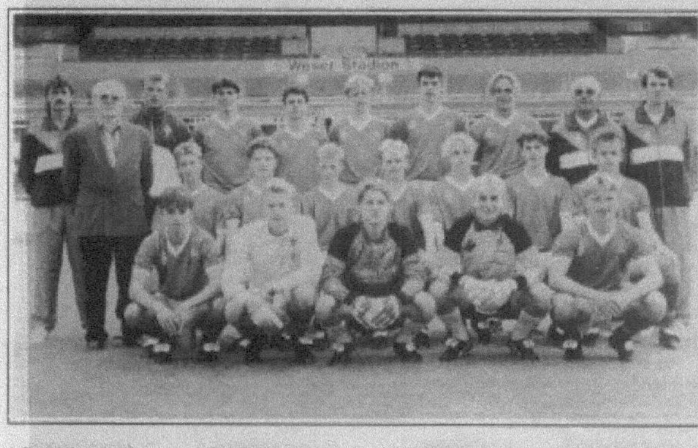

1. Daniel Kwiecinski
2. Jens Witt
3. Matthias Muller
4. Christian Mach
5. Jan Wittenberg
6. Torben Weickert
7. David Rygula
8. Thomas Pendshorn
9. Peter Steinbeck
10. Raphael Negri
11. Frank Kiesel
12. Andre Scheffer
13. Jens Schreiter
14. Mohammed Fejzic
15. Sven Bagemiel
16. Erhan Albayrak
17. Marcel Rabini
18. Nachgereicht Wird

Team Officials: 1. Hans W. Lobmann 2. Frank D. Kwiecinski
Team Colours:

Ich bin euer Migrationshintergrund

»Es war ein ganz besonderes Spiel,
weil ich gegen meine Freunde gespielt habe.«
Mesut Özil, nach dem 3 zu 0 Sieg Deutschlands gegen die Türkei.

»My father being a foreigner of Bremen«
Daniel Defoe, Robinson Crusoe (1718), S. 1.

Anfang der neunziger Jahre wurde *Wirtschaftsasylant* zu einem Reizwort in der deutschen Politik. Obwohl Asyl aus politischen Gründen – Flucht vor politischer Verfolgung oder vor Bürgerkriegen wie damals im Balkan oder in Somalia – akzeptiert wurde, wenn auch manchmal zähneknirschend, wurde in der Boulevardpresse und an den Stammtischen gegen Menschen geschimpft, die angeblich aus »ökonomischen« Gründen nach Deutschland kamen, um hier ein besseres Leben zu finden. Über die Jahrhunderte haben aber Menschen jeder Art und aus allen Nationen genau dieses gemacht. Ich war dabei und sage meinen Kindern: »Seid nett zu mir, ich bin euer Migrationshintergrund.«

Auch die Deutschen waren dabei gut vertreten, aber in umgekehrter Richtung: sogar in der Literaturgeschichte, denn zwei Generationen, bevor Händel Halle verließ oder ein Hannoveraner namens Georg zum englischen König namens George gekrönt wurde, wanderte ein gewisser Bremer Tuchhändler namens Kreutznaer nach York, Nordengland aus, wo er – genau wie später die deutsch-amerikanische Familie Eisenhauer mit regionalen Wurzeln im Saarland – seinem Namen eine englische Form geben ließ und Vater von Robinson Crusoe wurde. 1992 hießen die deutschen Fußball-Wirtschaftsasylanten Brehme, Matthäus, Häßler, Möller, Sammer, Kohler, Effenberg, Doll, Klinsmann, Riedle und Völler. (Und heute? Özil, Mertesacker, Khedira, Huth, Wollscheid, Can, Podolski, Merkel [nicht verwandt]) … Ja, Podolski, wie Klose deutscher

Nationalspieler, der in Polen geboren wurde. Ich hätte die Namen Sebastian Boehnisch (Bayer Leverkusen und ex-deutscher U21-Nationalspieler) und Heinrich Schmidtgal (FSV Frankfurt) dazu schreiben können, deutsche Jungs, die lieber für Polen bzw. Kasachstan auflaufen. Sind sie Karriereasylanten? Bestimmt nicht. Der Ex-Deutsche Boehnisch und der Ex-Türke Özil sind Kumpels aus Gelsenkirchen, die 2007 bzw. 2008 nach Bremen kamen, um ein besseres Leben zu finden, genau wie früher ich und vier weitere Wirtschaftsasylanten – die Bremer Stadtmusikanten. »Das Markenzeichen unserer Stadt besteht ja aus vier Migranten. Die Bremer Stadtmusikanten sind zwar nie in Bremen angekommen, aber nur wegen Bremen sind sie aufgebrochen.« (Kultur-Staatsrätin Carmen Emigholz, bei der Eröffnung der Bremer Integrationswoche im Januar 2011). 1992 schrieb ich für eine gewerkschaftliche Veranstaltung zu diesem Thema folgendes Gedicht. Kennen Sie noch Norman Schwarzkopf? Er war Befehlshaber der Koalitionstruppen im Zweiten Golfkrieg. BMW hat zwar 2000 die Rover Autos abgestoßen, aber zur BMW Group gehören noch der Mini und die Marke Rolls Royce.

* * *

Wir outen die Wirtschaftsasylanten

Georg Friedrich Händel,
bei Interpol unter dem Decknamen
George Frederic Handel bekannt
Bodo Illgner und Guido Buchwald
– O Pardon, wartet: umgekehrt –
die gesamte deutsche Nationalmannschaft
außer Bodo Illgner und Guido Buchwald

Chris Howland und Rudi Carrell
Jimi Hendrix und Ralph McTell
Gina Lollobrigidas Busen
und elf, zwölf Mann von Bayer Leverkusen
Rune Bratseth und Kevin Keegan
und der Großvater von Ronald Reagan

Ford in Köln und GM in Rüssels-
heim und wiederum Ford in Brüssel
Kelloggs in Bremen und Becks in Rostock
Kiwis aus Spanien, französische Boscops
Ron Williams und Robinson Crusoe
deutscher Gouda und belgischer Ouzo

Henry Kissinger, Columbus in Spanien
und der englische Willem van Oranien
Die Bizeps von Arnold Schwarzenegger
und – leider – Ideen von Martin Heidegger;
als Kaiser in New York Franz Beckenbauer
und die Vorfahren von Präsident Eisenhower
(*ja, mach Du mal einen Reim auf Norman Schwarzkopf*)

Etliche Dichter wie Ezra Pound
und Niko vom Velvet Underground
das Verhältnis von BMW zu Rover
und Martina Navratilova
das VW-Werk in Mexiko
oder Boris Becker in Monaco
und Charlie Chaplin ebenso

Irische Wörter wie *boycott* und *lynchen*,
die halbe Belegschaft bei Bayern München
und *last but not least*, falls die Deutschen motzen,

Mit freundlichen Grüßen,
Der Verfasser.

Two Teams in Belfast

(Nordirland vs. Irland, 17. November 1993, Windsor Park Belfast)

Zum ersten Mal in der Fußballgeschichte befanden sich beide irischen Nationalmannschaften in einer Gruppe (Gruppe 3, Europa) bei der Qualifikation für eine Weltmeisterschaft. Aber es sollte ein Spiel wie jedes andere sein, betonten beide Trainer, wenn auch keine Fans der Gastmannschaft sich irgendwo in der Nähe des Stadions aufhalten durften, falls sie durch ihre bloße Anwesenheit die Anhänger der Heimmannschaft provozieren könnten, und trotz der Tatsache, dass – gegen die üblichen Vorschriften der FIFA – die Nationalhymne der Gäste nicht gespielt werden sollte, weil sie in Nordirland eigentlich verboten ist. Es war aber aus mehreren Gründen ein brisantes Spiel. Nur durch einen Sieg würde sich die Republik Irland sicher für die WM in den Vereinigten Staaten qualifizieren. Das Spiel endete 1–1 und die Südiren mussten zwanzig gespannte Minuten auf die erlösende Nachricht warten, dass Spanien die Dänen 1–0 geschlagen und somit auf den dritten Platz mit nur einem Tor Unterschied zu den Iren befördert hatte, und damit Irland auf dem zweiten Platz stand. Zum anderen war es das Abschiedsspiel des nordirischen Trainers Billy Bingham nach 17 Jahren im Amt. Bingham war einer der 1958er Helden aus dem loyalistischen Lager, der sich sehr um die Versöhnung zwischen den beiden Volksgruppen bemüht hatte. Die Lokalzeitung *Belfast Telegraph* nannte den Abend *Bingham's Last Stand.*

Dann war da noch die Erinnerung an das Heimspiel sieben Monate zuvor in Dublin, wo übrigens auch die nordirischen Anhänger in die Republik nicht einreisen durften. Da hatten sich die Nordiren redlich Mühe gegeben, waren aber mit 3–0 kläglich untergegangen und die Dubliner Fans sangen hämisch aber – noch schlimmer – fast mitleidsvoll ihren Klassiker: *One Team in Ireland, there's only …*

Nebenkriegsschauplätze gab es auch. Verteidiger Alan Kernaghan von Manchester City war Opfer der strengen Spielberechtigungspolitik der IFA geworden, die besagt, dass ihre Nationalspieler in Nordirland geboren sein mussten. Er hatte aber das Pech, als Sohn zweier Nordiren in Otley, Yorkshire, geboren worden zu sein, und die Familie kehrte erst nach Nordirland zurück, als der Junge schon sechs Jahre alt war. Der Protestant Kernaghan war Zeit seines Lebens, dass er anschließend in Bangor nahe Belfast verbrachte, wo seine Eltern noch wohnen, Nordirland-Fan, hatte für eine nordirische Schülerauswahl gespielt, war ja sogar Balljunge bei einem A-Länderspiel gegen Schottland in Windsor Park gewesen. Als sich herausstellte, dass er in England geboren worden war, durfte er nicht wieder für sein »eigentliches« Land spielen. Er wurde dann zu einem *cause célèbre*, als er prompt von der FAI für die Nationalelf der Republik berufen wurde, für die er zwischen 1992 und 1996 22 Länderspiele bestritt. »Als ich zur Republik wechselte,« erklärte er dem *Belfast Telegraph*, »musste ich viel einstecken. Die Jungs, mit denen ich groß geworden und jahrelang in den Windsor Park gegangen bin, meinen, ich sollte für ihre Mannschaft spielen. Die werden ganz schön darauf reiten, falls wir verlieren sollten.«

Jack Charlton hatte geplant, dass sein Kader in einem Hotel 100 Kilometer von Belfast jenseits der Grenze trainieren und übernachten würde, aber die FIFA-Regeln bestimmen, dass die Gastmannschaft sich 24 Stunden vor dem Spiel im Land des Gegners aufhalten muss. Also wurden die Spieler von sechs Panzerwagen der britischen Armee vom Belfaster Flughafen abgeholt und zu einer versteckten Unterkunft in Nordirland gebracht.

Die Zuschauerzahl wurde auf 10.000 beschränkt und die Sicherheitsmaßnahmen waren noch umfassender als an dem Abend im Jahre 1971 – mitten im Bürgerkrieg – als George Best den Ball über Gordon Banks lupfte und dann ins Tor köpfte.

Mein Cousin arbeitet für die Bank of Ireland, an sich schon ein Symbol für die Lage in Irland: Eine Bank mit Sitz in zwei verschiedenen Staaten auf einer winzigen Insel mit einer Zentrale in beiden Hauptstädten, zwei getrennten EU-Währungen und drei verschiedenen Arten von Banknoten. Die Bank hatte einen Block von 100 Eintrittskarten für das Spiel gekauft und unter deren Angestellten im Norden verteilt. Bei jeder spannenden, brenzligen Szene vor den beiden Toren war an den Reaktionen sofort zu erkennen, wer im Block

Britisch-Loyalist oder Irisch-Nationalist war. Außer einem Kollegen – das wusste mein Vetter genau – der katholisch war und trotzdem das nordirische Tor, das die Führung brachte, begeistert feierte. Als Alistair ihn am anderen Tag auf sein auffällig ungewöhnliches Fan-Verhalten ansprach, erklärte er: »Ganz einfach – ich hatte eine Scheißangst.« Und er hatte allen Grund dazu: Als das Team der Republik einlief, ertönte von den Rängen Gesänge mit dem Wort *Greysteel, Greysteel* – eine Anspielung auf ein besonders brutales loyalistisches Attentat weniger als drei Wochen zuvor, in dem Mitglieder der Mörderbande Ulster Freedom Fighters in die Musikkneipe Rising Sun im Dorf Greysteel in der Nähe von Londonderry während eines Hallowen-Festes eindrangen. Wegen der Verkleidungen des Kostümfestes blieben sie so lange unerkannt, bis sie plötzlich automatische Waffen zogen und in die Menge schossen. Dabei schrie einer: *Trick or treat!* – »Süßes, sonst gibt's Saures!« Es starben acht politisch völlig unbeteiligte Menschen, darunter zwei Protestanten.

Sogar der nordirische Kapitän McDonald (Queen's Park Rangers) musste auf der Pressekonferenz vor dem Spiel zugeben: »Ich habe volles Verständnis für jeden Spieler, der zurzeit Angst hat, in Belfast zu spielen.« Als Nordirland in Führung ging, hörte man wieder »Guantanamera«, dieses Mal aber von den Fans aus dem Norden: *One team in Ireland; there's only one team in Ireland.* Aber die Euphorie währte nicht lange. Die Mannschaft der Republik, die weit hinter ihrer Form geblieben war, erhöhte den Druck und der zu erwartende Ausgleich fiel. Zum ersten und einzigen Mal in meinem Leben war ich froh, dass ich für ein Spiel keine Karte mehr bekommen hatte und es live im Fernsehen verfolgen musste.

Jack and the Lads

Deutschland gegen die Republik Irland, Hannover, 29. Mai 1994

Es sind knapp zwanzig Jahre seit meinem ersten Fußballbesuch in der niedersächsischen Hauptstadt. Damals, 1974, war meine WM-Beteiligung neutral (Uruguay gegen Bulgarien),[1] dieses Mal habe ich einen Fuß in beiden Lagern: Deutschland–Irland, auch wenn es das »andere« Irland ist. Bloß eine Autobahnstunde von Bremen entfernt, freuen wir uns zu dritt auf einen Sonntagabend mit guter Unterhaltung: der irische Dichter und Worpsweder Stipendiat Harry Clifton aus Dublin, mein Sohn Peter und ich. Wir kriegen Big Jack Charltons Nationalhelden live in Deutschland zu sehen. Genau wie das Länderspiel gegen Nordirland zwei Jahre zuvor ist es das letzte Freundschaftsspiel der deutschen Nationalmannschaft vor einem großen Turnier, dieses Mal vor der lähmend feuchten Hitze der USA 1994. Die Iren gewinnen zwei–null. (Für die Statistiker: Illgner im Tor; 50.000 Zuschauer; Schiedsrichter José Maria Garcia-Aranda Encinar [Spanien]; 0:1 durch Tony Cascarino in der 31. und 0:2 Gary Kelly, 68. Minute, kurz nachdem Völler für Riedle eingewechselt wurde.) Aber der Endstand scheint wirklich niemanden im Stadion zu stören. Im Gegenteil: Die Lautsprecheranlage spielt Monty Pythons »Always look on the bright side of life« und alle pfeifen an der passenden Stelle des Refrains.

Beim Verlassen des Stadions merke ich mir auf dem Parkplatz die Kennzeichen der Autos mit irischen Fahnen oder Emblemen. Um dieses Spiel zu sehen, sind Iren anscheinend aus ganz Nordeuropa gekommen: aus Belgien, Dänemark, den Niederlanden, Frankreich –

1 S. »Ein gefühltes Null-Null« in Ian Watson, *Kurzpassspiel*, 2012, S. 24–27.

und aus jedem Winkel der Bundesrepublik: M, OHZ, KR, E, QLB, S oder DÜW. Was mich aber mehr verblüfft, ist die große Zahl der feiernden Irland-Fans um uns herum, die eindeutig Deutsche sind. Ich versuche, mir das anderswo vorzustellen – in Belfast, Dublin, Wembley, Turin oder Rotterdam – dass Menschen im eigenen Land zum Länderspiel fahren, um die andere Mannschaft zu feiern: Undenkbar – gerade in Rotterdam, aber das mag ein Vorurteil von mir sein. Ich weiß immer noch nicht, ob dies mehr über Deutschland oder Irland aussagt.

Bei einer Cola- und Pinkelpause in der Raststätte Allertal treffen wir einen ehemaligen Studenten von mir, Ende dreißig, mit Frau und zwei Söhnen, alle behängt mit grün-weiß-orange: Schals, Mützen, Rosetten, sogar mit grün-weißen Ratschen. Sie fahren, berichtet er, jedes Jahr nach Irland in Urlaub und sind in Hannover gewesen, um Jack and the lads Rückhalt zu geben. Alle strahlen wie Honigkuchenpferde ob des Sieges. Harry ist platt, sprachlos. Auf dem Weg zurück zum Jetta versuche ich Peter zu trösten, einen der wenigen Eingeborenen, die von der Niederlage der Nationalmannschaft tatsächlich betrübt sind:

Na ja, morgen in der Schule kannst Du den halben Iren ’raushängen lassen.

Nee, erwidert er.

Es ist ein harter Augenblick, der aber auch eine gewisse Erlösung mit sich bringt, die Einsicht nämlich, dass er nicht irgendwie halbehalbe ist, sondern bloß ein junger Deutscher mit einem irischen Vater. Wenigstens weiß er, wo er hingehört.

Endlich

Ich bin Familienvater und mein Sohn ist nicht mal elf; ich sollte ein Vorbild sein. Es ist aber Pokalendspiel. Wir beide fahren mit der vollen S-Bahn zum Olympiastadion. Am Bahnhof Potsdamer Platz müssen wir sogar von Bahnangestellten wie in Tokio in den Zug geschoben werden. Dann sind wir drin, wir sind unterwegs, wir sind Hunderte und wir singen sehr laut:

Hier regiert der S–V–W.

Die Berliner haben einen Stock im Arsch und tun so, als ob sie uns nicht sehen würden. Als wir alle am Stadion aussteigen, sind wir plötzlich Tausende und uns gehört die Welt. Nichts kann unsere Welle aufhalten. Der Tunnel ist eng, der Nachhall ist cool und anstachelnd; wir singen noch lauter:

Hier regiert der S–V–W.

Am Ausgang des Tunnels stehen überall berittene Polizisten mit nervösen, schnaufenden Pferden; es fallen unhöfliche wiehernde Wortwechsel. Bei mir kocht das Adrenalin, ich spüre Schübe, die für einen Familienvater verboten sind. Die Polizei provoziert eindeutig, der Elfjährige glüht und schreit:

Hier regiert der S–V–W.

Plötzlich habe ich eine geballte Faust und einen Urschrei im Hals, der aus dem tiefsten Bauch kommt, inkohärent, aber eindeutig, obwohl der Kopf weiß, dass das Pferd nichts dafür kann.

Ich bin Familienvater, mein Sohn ist nicht mal elf; ich sollte ein Vorbild sein. Aber: Endstation Sehnsucht. So geht heute für mich im fortgeschrittenen Alter ein Jugendtraum in Erfüllung:

Junge, dein alter Vater ist endlich ein Hooligan.

City Hall Belfast, Oktober 1994

Die Tage nach dem Waffenstillstand 1994 in Nordirland, in denen das folgende Gedicht entstand, waren unvergesslich schön, wie ich auf meinen regelmäßigen Heimatbesuchen feststellen konnte. Zuerst – im August – hatte die IRA aufgehört zu bomben, dann am 13. Oktober endlich auch die loyalistischen Gruppen UDA, UVF und RHC. Plötzlich entdeckten die Belfaster erneut das Nachtleben, gingen ins Theater, ins Kino und in die Clubs. Ja, in die Kneipen waren sie auch während des Bürgerkriegs gegangen, aber nur in bestimmte, die man kannte und wo man selbst bekannt war. Nun ging es ohne Angst. Am ersten Abend nach der Verkündung des Waffenstillstands der Loyalisten traf ich eine kleine ökumenische Gruppe vorm Belfaster Rathaus, eine Art Entwarnungswache, die das Lied sang, das mich als Fußballfan von Anfang an begleitet hatte. Da war ich auf einmal wieder der kleine Junge, der am Radio klebte, wie an meinem zwölften Geburtstag: Nordirland–Frankreich, WM-Viertelfinale, Schweden 1958. Kein Wunder, dass ich nun, im letzten Bus aus der Stadt, unvermittelt zu weinen anfing, angesteckt von drei Teenagern, die aus der Disco kamen. *Der Krieg ist vorbei*, schluchzte das eine Mädchen, *aber meine Tante Molly ist immer noch tot.*

* * *

Liedgut, alles gut
Früher Herbstnebel kriecht
heimlich über die Docks herauf;
hinter dem Rathaus schlage ich
den Kragen hoch.

Fünf Minuten bis zum letzten Bus –
das werd ich schaffen. Das Atmen
wird freier, so wie heut Nachmittag,
als ich von Radio Ulster hörte, auch
die anderen hätten das Feuer eingestellt.
Am Ende des engen Tunnels sah ich
gleißende Freude, eine Welle von Licht.

Dann höre ich Engel singen
vom Norden, Donegall Square –
ein Grüppchen hat Grund zum Feiern:
Priester und Pastor, Katholik, Protestant,
gemeinsam mit Kerzen im Chor.

Keine Schärpen, Orden, Mauern,
nicht wieder nur *eine* Nation.
Ich bleib stehen und lausche,
verpasse fast meinen Bus.
Das Lied, das sie singen,
ist *Danny Boy*.

Aus dem Englischen von Elke Marion Weiß

Der erste Juli

Es war für mich ein stolzer Augenblick, aber auch ein bedrückender Zufall, dass auf den Tag genau achtzig Jahre nach der Schlacht an der Somme, wo am ersten Tag, am 1. Juli 1916, mein schottischer Großvater gegen die Deutschen starb, mein Sohn Peter einen Anruf von seinem Verein erhielt, er müsse sofort am Bremer Flughafen mit der Werder-D-Jugend erschienen, wo bald die vier Spieler des SVW, die beim großen deutschen Sieg in der Europameisterschaft mitgemacht hatten, aus Frankfurt eintreffen würden. Er sollte nämlich mit seinen Mannschaftskameraden Spalier stehen. Für den verletzten humpelnden EM-Held Dieter Eilts musste er die Tasche tragen. Bloß, niemand bei Werder hatte daran gedacht, ein Torwarttrikot mitzubringen, also stand Peter als Feldspieler in der Zeitung und im Fernsehen. Mir ging durch den Kopf, wie viel sich in unseren Ländern in achtzig Jahren geändert hatte. Selbst die Fahne, die er hält, wäre für die deutschen Soldaten an der Somme nicht erkennbar gewesen. Dazu schrieb ich folgendes Gedicht:

Euro '96

Exactly eighty years to the afternoon
after his Scottish great-grandfather
fell to the ratatat ratatat ratatat tat
of his mother's grandfather's platoon,
my German son stands on the mobile steps
below a Euro-built Lufthansa airbus
welcoming home our local club's
four European Nations champions:
Eilts, Bode, Reck and Todt.
And in his hand a tricolour flag
that none of his German great-
grandfather's comrades would have
recognised as their own.

Triumphzug für „Wembley-Helden"

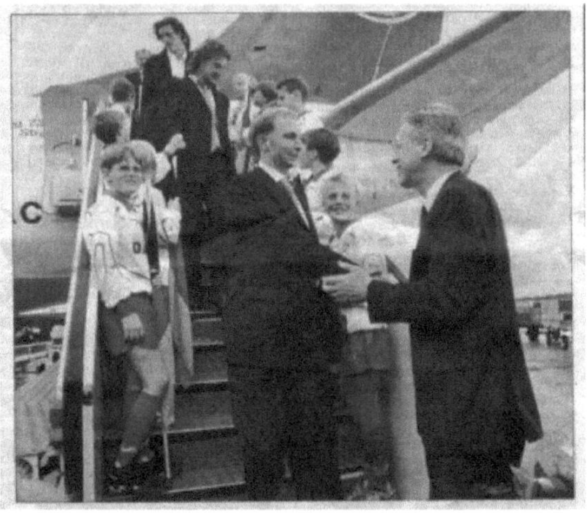

Werders vier Europameister werden am Bremer Flughafen mit stolzer Begeisterung von der D-Jugend begrüßt.
Rechts Bürgermeister Henning Scherf, vorne links Peter, Sohn des Autors.
Weser-Kurier vom 2.7.1996, Foto: Hasselberg

The Artist Formerly Known as Karl-Marx-Stadt

Das Leben eines Fußballvaters ist stark geprägt vom Autofahren. Gewöhnlich geht es um den eigenen Pkw, der jeden Montag von Schlamm, Tempotaschentüchern, Schweißgerüchen und einzelnen grünen Stutzen befreit werden muss. Bei einem größeren Verein wie Werder wird man allerdings öfter gefahren, als dass man selber fahren muss. Mal ist es in einer VW-Bus-Kolonne ins Niedersächsische, wo man Schulter an Schulter mit acht anderen sitzt und schwitzt, mal auf der Autobahn in einem gemieteten Reisebus mit Toilette, mal mit dem Zug. Denn ein solcher Verein erhält ständig Einladungen zu Turnieren weit weg von zu Hause. Weil nie ein Mittwoch dabei war, diese Spiele aber zusätzlich zum Punktebetrieb stattfanden, habe ich sie irgendwann »englische Wochenenden« getauft. Und weil Werder Werder ist, waren wir viel auf Achse im gerade größer gewordenen Deutschland. Meine Erinnerungen daran sind ein Kaleidoskop von Schnappschüssen: Wie in einer Halle beim Stammverein von Bernd Hobsch, dem SC Eintracht Schkeuditz bei Leipzig, einer der Jungs gefoult wird, auf den Holzboden stürzt und einen riesigen Splitter in die Hand bekommt; wie ich am selben Abend bei ostwestlicher Verbrüder- und Verschwesterung mein erstes deutsches Schwarzbier genießen darf; wie ich mit einem Dreizehnjährigen in Huchting pikante türkische Fleischbällchen mit viel Kumin gegen ein mit Schweinefleisch gefülltes Brötchen tausche. Und dann war da diese Fußballmutter, die an der Seitenlinie stand und ihren Nachwuchs ständig filmte. Sie trieb ihn mit Drohungen an – »Das erzähle deinem Vater« – und spornte ihn zum Foulspielen an: »Warum hast du dich nicht fallen lassen?« Gemessen an der Ernsthaftigkeit, mit der sie vorging, um das Talent ihres Sohnes zu fördern, müsste der Junge – ich glaube, er hieß Kai – inzwischen eine große Karriere bei Inter oder Barcelona gemacht haben. Ich fürchte, es ist anders ausgegangen; er wird sich wohl eher an den Tresen irgendeines Dorfvereinsheims auf dem platten

Land lehnen und beim vierten Bier davon erzählen, wie er früher bei Werder gespielt hat.

Meinen interkulturellen Tiefpunkt erlebte oder vielmehr verursachte ich in Halle (Westfalen), wo wir in einem Halbfinale gegen den SV Horst-Emscher 08 aus Gelsenkirchen antreten mussten. Ich stand wie üblich an der Seitenlinie und verteilte mit meinen Mitvätern widersprüchliche Botschaften: »Geh hin« / »Bleib stehen«; »Geh!« / »Spiel ab!«; »Raus!« / »Bleib auf der Linie!«. Dabei kam ich mit einem netten Vater aus dem gegnerischen Lager ins Gespräch. Nach einem freundlichen Austausch über unser gemeinsames Wochenendschicksal fragte ich als ignoranter Ausländer: »Wer war überhaupt Horst Emscher?« Beim selben Turnier erlebte ich den Snobismus der kleinen Vereine gegen Werder (wir waren immer die Mannschaft, die man schlagen wollte, ob in Quelkhorn oder bei Union Berlin): Ein Vater erzählte mir stolz, der Verein seines Sohnes, Borussia Lippstadt, sei ja der Heimatverein von Karl-Heinz und Michael Rummenigge, und wer, bitte schön, wäre bei Werder Bremen richtig zu Hause? Ich weiß noch, wie ich spontan auf Thomas Schaaf kam. Na, der, behauptete er, der käme aus Mannheim.

Unser Sohn Peter spielte vier Jahre lang für den SV Werder Bremen. Weder ist er hingescoutet oder geheadhuntet worden, noch war er sonst irgendwie aufgefallen. Werder ist ganz einfach unser Dorfverein. Aus dem ganzen Viertel gehen die Kinder hin, weil dort eine breite Palette von Sportarten angeboten wird, darunter eben auch Fußball. Nach einer kurzen Zeit im Sturm wurde Peter in der E-Jugend zum Torwart umerzogen, eine Position, in der er sofort Erfolg hatte. Dies war umso erstaunlicher, als er unter alternierendem Schielen litt. Das bedeutete, dass er nur mit einem Auge sehen konnte, mal mit dem rechten, mal mit dem linken. Das machte sich jedoch nur bei den hohen langen Flatterbällen bemerkbar, sonst hatte er gute Reflexe, war sehr mutig, stark auf der Linie und sorgte mit seiner Autorität für Ruhe im Strafraum und für einen guten Spielaufbau.

Die Spiele, die ich mit ihm erleben durfte, gehören zu meinen liebsten Fußball-Erinnerungen. Dabei erfuhr ich sehr viel Gastfreundlichkeit, Kameraderie, angenehme gegenseitige Neugier und Unterhaltung.

Den Höhepunkt dieser schönen Zeit erlebten wir an einem eisigkalten Wochenende Mitte Dezember 1994 beim frisch umbenannten Chemnitzer FC. Die Himmelblauen hatten ein Jugendturnier organisiert (quasi als »Vorgruppe« für ihr erstes, inzwischen traditionelles internationales Alt-Star-Turnier) und Werder dazu eingeladen. Dort waren wir jedoch nicht, wie in der norddeutschen Pampa, der »große Verein« – weder beim Jugendturnier, an dem Bayer und Schalke teilnahmen, erst recht nicht beim Oldie-Turnier. Dort liefen nämlich Bayern München, Inter, Barcelona und Bayer Leverkusen auf – plus die Lokalmatadoren vom CFC (die alle noch für den FC Karl-Marx-Stadt gespielt hatten) und Erzgebirge Aue. Die Machtverhältnisse waren auch dadurch relativiert, dass zwei Jahre zuvor die Zweitligisten aus Chemnitz (unter der Regie ihres Kulttrainers Hans Meyer) Rehhagels Elf mit Reck, Bratseth, Borowka, Votava, Herzog, Eilts, Rufer und Bode im Viertelfinale aus dem DFB-Pokal herausgekickt hatten (2–1 n.V.).

Die Turniere fanden in der Chemnitzer Arena statt, die in der Stadt als Kati-Witt-Halle bekannt war, weil dort die berühmteste Sportlerin von Chemnitz große Triumphe gefeiert hatte. Unser Finale war ganz großes Theater, Showbiz pur, was die jungen Werderaner tief beeindruckte. Inzwischen war die Halle mit 4.000 Menschen bis zum Rande voll: mit Einheimischen sowie Eltern, Jugendspielern und vor allem den Fans der Alt-Star-Mannschaften aus ganz Europa. Uns wurde mitgeteilt, dass die Jungs beider Endspielmannschaften alle einzeln vorgestellt werden sollten. So kam es, dass mein Sohn als erster über die Bande springen musste, als der Stadionsprecher rief: »Im Tor für Werder Bremen – Peter Watson!« Elterngänsehaut.

Hinter seinem Tor saßen und standen mehrere hundert Fans vom FC Bayern, die von der Frisur, der roten Nase, dem Bierbauch, der Kutte und der Stimme her als ihre eigenen Parodien hätten durchgehen können. Kurz nach dem Anpfiff begannen sie hinter dem Tor des Elfjährigen zu skandieren: »Was ist grün und stinkt nach Fisch? Werder! Werder!« Ohne Pause. Peter blieb ganz cool und hielt mehrmals gut. Nach einer spektakulären Parade rief der Stadionsprecher das Publikum nochmals zum Applaus auf: »Im Tor die Nummer Eins, Peter Watson!« Mia san mia klatschte nicht, sondern grölte weiter die Sache mit dem Fisch. (Einer unserer Feldspieler war übrigens von den

Bayern ganz begeistert, weil er während des Spiels die erste Hälfte des Spruchs nicht verstanden hatte und nur »Werder, Werder« hörte.)

Wir haben gut gespielt, aber zu Recht verloren. Der sehr starke Gegner war eine andere grün-weiße Mannschaft, die bekanntlich auch über linke, antirassistische Ultras verfügt: Bohemians Prag. Die Elterngruppen waren zum Teil dreisprachig, so dass wir uns deutsch/englisch/tschechisch gut verstanden. Ganz früh im Turnier kam eine Mutter auf uns zu und sagte in perfektem Deutsch: »Hallo, wir kommen aus Prag, wie Mirko Votava.« Das wussten viele der Bremer Spieler von ihrem eigenen Kapitän und ehemaligen *deutschen* Nationalspieler nicht.

Der »Elternabend« beim CFC war feucht-fröhlich und am Sonntag fuhren unsere Jungs, begleitet von den CFC-Profis, zum Schlittenfahren, während wir Eltern einen Besuch im Schloss Augustusburg genossen. Beim Abschied waren wir alle todmüde. Auf der Rückfahrt schliefen wir, bis wir in die riesige Baustelle des halbrenovierten Kopfbahnhofs von Leipzig einfuhren, wo wir lange auf unseren Anschlusszug nach Bremen warten sollten. Wir waren von der Grandezza des Baus tief beeindruckt, fast eingeschüchtert von dieser Dampflokomotivenkathedrale. Wie wir schließlich wartend auf den Koffern am Bahnsteig hockten, war kein Funken Energie mehr in uns. Aus der Stille rief plötzlich Max, unser Kapitän, aus tiefstem Herzen: »Wir sind grün und stinken nach Fisch!«

Und so hallte aus den hohen Decken und dem unendlichen Raum des größten Hauptbahnhof Deutschlands unser Echo wider: »Werder! Werder!«

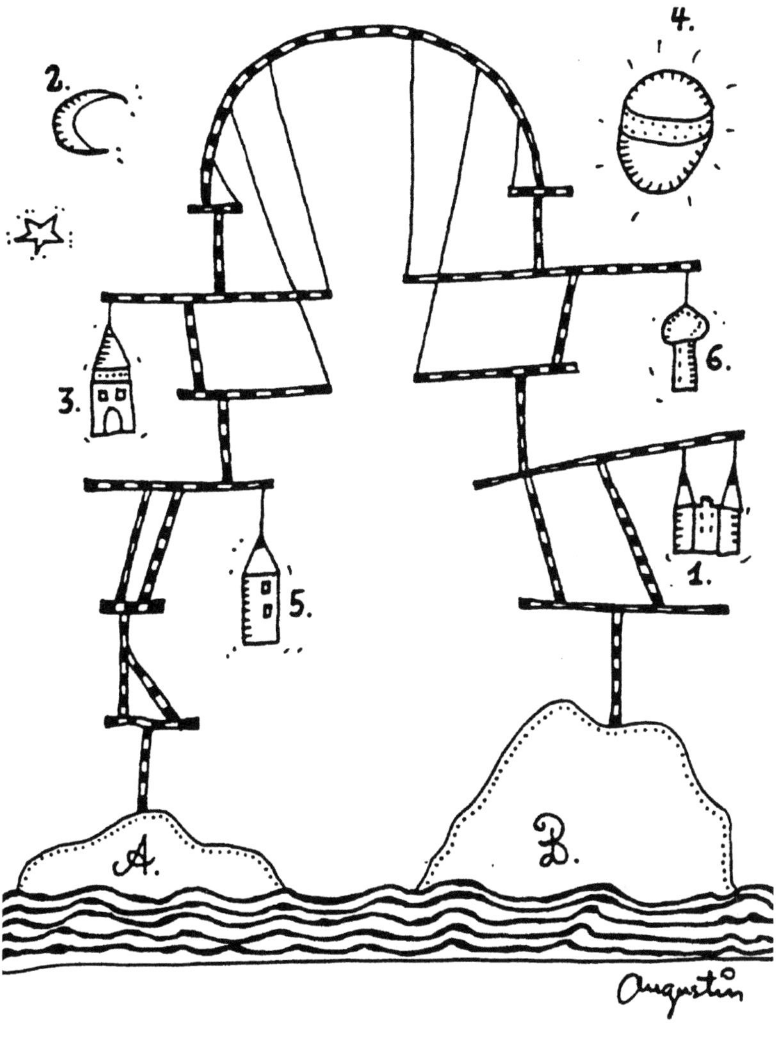

Aus *Diagonal*:
Zeitschrift der Universität-Gesamthochschule Siegen,
Jg. 1998, Heft 1

Salz der Erde

Käthe Klein, Höhr-Grenzhausen im Westerwald, in memoriam

Wenn ich vom kreisenden Habicht dichte
und Wolkenbänken über dem Westerwald,
richten sich die Leute ein auf knarrende Kiefern, hören
all das flüsternde Herbstrot, sehen schiefe Tannen und
den huschend verschwindenden Fuchs,
Hörnchen in den Buchen.

Aber wenn ich schreibe in meinem Turm,
sehe ich nur Schieferdächer und die nasse Autobahn
(eichhörnchenbraun verbleite Bäume); höre
zwischen Pannen zischend, huschend Spediteure.
Und der Habicht dreht seine Kreise
umrahmt von Leitungen und Antennen:
Sein zitterndes Suchen.

Mein Westerwald ist die bindegestrichene Töpferstadt
aus deren Bechern
ich nun inzwischen blau-grau trinke
(manchmal blau, zunehmend grau):
Roter Schiefer, grauer Schiefer, spitze Dächer,
Schulter an Schulter.
Staubige nützliche Kannenbäckerstadt,
Salz dem Ton, Salz der Erde gebend –
backe backe Kuchen.

Tonangebend für den Iren, der im Turme sitzt
und seine Lieder aus der Erde schnitzt,
war die Frau Spediteur – Salz der Erde.
Sie gab mir den Habicht und die knarrenden Kiefern,
das flüsternde Herbstrot und den Fuchs,
die Dächer und die Autobahn – und machte Deutsch
zu meiner Schwiegermuttersprache.

The Man in the Yellow Sweater

An der nordirischen Atlantikküste, März 1999

Durch Zufall habe ich in einer Belfaster Kneipe erfahren, dass er im Badeort Portstewart, ganz im Norden an der Atlantikküste von Nordirland, ein Hotel besitzt, das sogar den Namen des Belfaster Nationalstadions trägt: das Windsor Hotel. Die Stadt Portstewart liegt eine Busfahrt von zwanzig Minuten von Coleraine entfernt, der Stadt, wo ich gerade im Rahmen unseres Dozentenaustausches englische Literatur lehre. Es ist mir ein Bedürfnis, ihm ein Exemplar unseres Fußballbuches *Alive and Kicking* zu schenken, in dem er vorkommt, auch wenn er weniger als die Hälfte des zweisprachigen Werkes verstehen würde. Also rufe ich an, um einen Termin zu vereinbaren. Durch einen weiteren Zufall entdecke ich in einem Antiquariat in Coleraine just am Tag meines Besuches die *Ultimate Encyclopaedia of Soccer: The Definitive Illustrated Guide*, die ich sofort für unseren Torwart-Sohn Peter kaufe. Und dort, auf Seite 139, zwischen Jimmy Greaves und Ruud Gullit steht er – Torwartlegende und Idol meiner Kindheit, Harry Gregg:

> Genial, popular Gregg won his first cap after only nine Football League games for Second Division Doncaster, and had established himself as Ireland's first choice before the fateful 1957–58 season. Hardly had he left Yorkshire for Manchester United when, as a survivor of the Munich air disaster, he became a hero by helping to rescue some of the injured. Later that year he performed well in helping … the Irish to the quarter-final of the World Cup in Sweden.[1]

1 Der warmherzige, populäre Gregg wurde erst nach nur neun Liga-Einsätzen für Doncaster Rovers aus der zweiten Liga in die Nationalmannschaft berufen und hatte sich vor der schicksalhaften Saison 1957–58 als die nordirische Nummer Eins etabliert. Kaum hatte er Yorkshire für Manchester United verlassen, überlebte er das Flugzeugunglück von München und wurde dabei zum Helden, da er etliche Verletzte rettete. Im selben Jahr noch verhalf er Nordirland durch starke Leistungen zum Einzug ins Viertelfinale der WM in Schweden.

Die Dame an der Rezeption, die sich als seine Tochter herausstellt, sagt mir, dass ihr Vater mich erwartet, dass er aber noch oben am Renovieren sei. Ob ich in der Bar warten kann und was ich trinken möchte? Sie bringt mir gleich eine Kanne Tee. Wie zu erwarten ist, ist die Bar vollgepflastert mit Fußballbildern. Fotos von Harry in Paradepose, Zeichnungen von Gregg mit Mütze aus der *Manchester Evening News*, Programmhefte von United- und Nordirlandspielen. Und da: Ein signiertes Foto von Bert Trautmann, dem Bremer Torwart, der nach der Kriegsgefangenschaft jahrelang im Tor von Manchester City stand und Greggs großer Rivale und Freund war.

Plötzlich ist er da. Er schreitet mit Baseballmütze und Maleranzug in den Raum, eine Zigarette in der rechten Hand, die erste von vielen im Laufe unseres Gesprächs. Ich schenke ihm sein Exemplar von *Alive and Kicking*, er signiert für Peter den betreffenden Eintrag über ihn in der *Ultimate Encyclopaedia*. Wir reden über United und kommen unausweichlich auf *Munich*, was in Manchester nicht für die bayrische Hauptstadt an sich steht. 1958: United hatte gerade durch ein Unentschieden gegen den starken Gegner Roter Stern Belgrad das Halbfinale des Europapokals erreicht und freute sich auf das Endspiel gegen Real Madrid. Unter den Busby Babes, wie die junge Mannschaft getauft worden war, herrschte also eine Bombenstimmung, als an dem kalten Februartag auf dem Flughafen München zum Tanken zwischengelandet wurde. Als beim dritten Startversuch nach London der restvereiste Flieger G–ALZU der British European Airways auf der verschneiten Startbahn 24/25 abhob, merkten die Piloten James Thain und Ken Rayment zu spät, dass die kleine Maschine der Marke Elizabethan es nicht schaffen würde, über das am Ende der Startbahn auftauchende Bauernhaus zu kommen, geschweige denn über die Bäume drum herum. Das Flugzeug streifte mit dem linken Flügel das Haus, in dem Anne Winkler allein beim Nähen und Stopfen saß. Im Nebenzimmer schliefen zwei ihrer vier Kinder, ihr Sohn spielte. Der Flügel und ein Teil des Hecks wurden abgerissen, schnitten ins Haus und fingen Feuer. Frau Winkler warf ihre beiden kleinsten Kinder hinaus in den Schnee, ihr Sohn krabbelte aus dem Fenster. Die Maschine drehte sich und traf eine Holzhütte, in der ein mit Sprit und Autoreifen beladener Lkw stand. Dieser explodierte. Das Flugzeug wurde in zwei Teile zerissen. Das hintere Teil, in dem die meisten starben, blieb an der Scheune hängen, das Vorderteil wurde weitergeschleudert. All das erfuhr Harry Gregg erst später, im Flugzeug spürte er nur mehrere Detonationen. »Wir drehten und drehten und plötzlich knallte es.« Gregg hatte großes Glück, wurde durch den letzten Aufprall aus der offenen Seite des Flugzeugs geschleudert, entweder weil er nicht angeschnallt war oder weil der Gurt nicht gehalten hatte. Daran hatte er keine Erinnerung mehr. Als er im Schnee zu sich kam, brannte es. Dann tat er Übermenschliches: Zusammen mit Mannschaftskapitän Bill Foulkes, der angeschallt und unverletzt im Vorderteil der Elizabethan saß, lief er in die brennende Maschine zurück und fing an, Mitpassagiere, darunter Bobby Charlton und Trainer Matt Busby, zu bergen. Wegen der Entfernung zum Tower dauerte es sehr lange, bis die Flughafenrettungsdienste in Gang kamen. Viel näher dran waren die örtlichen Bauern, so dass Gregg und Foulkes mit anderen, darunter dem bewusstlosen Trainer und zwei Leichen, in einem furchterregenden Tempo mit einem VW Bully, in dem sonst Schweine transportiert wurden, ins Krankenhaus gebracht wurden. »Diesen deutschen Bauern werde ich mein ganzes Leben lang dankbar sein«, erzählt er. Ende der siebziger Jahre – zwanzig Jahre nach dem Absturz – war er noch einmal hingefahren, um sie wiederzusehen. Nachdem Gregg und Foulkes am nächsten Tag als einzige (fast) Unverletzte im Krankenhaus Bewusstlose und Tote identifizieren mussten, gingen sie in das Wrack zurück, um Gepäck und anderes Eigentum der Fluggäste zu sichern. Dafür wurde Gregg mit dem königlichen Orden MBE – *Member of the British Empire* – ausgezeichnet.

Erst Monate später erlebte er seinen größten Triumph, als er sich mit Nordirland für die WM 1958 qualifizierte und sogar das Viertelfinale erreichte.

Zu Greggs Zeiten gab es keine Papageien zwischen den Pfosten, die britischen Torhüter trugen Stutzen und Hose wie die restliche Mannschaft, und es durften nur drei Farben für die Trikots sein: grün, rot und gelb. Da United in rot und Nordirland in grün spielte, blieb für Gregg nur das gelbe Trikot übrig: So wurde er zum *man in the yellow sweater*.

Eine Überraschung hat er noch für mich. Als ich ihn im Auftrag meines Sohnes, Anbeter von Peter Schmeichel (der bald Champions League-Sieger werden sollte), nach den größten Torhütern frage, antwortet er sofort. Zwei, sagt er, gebe es, die alle überragen, und beide sind Deutsche: sein Kumpel Trautmann und Toni Schumacher.

Nachwuchs

The true football addict's most yearned-for accessory
is male offspring.
(Nick Hornby, Fever Pitch)[1]

1994: Dort im Tor steht mein deutscher Sohn. Wegen der Lage unserer Wohnung hat er seinen eigenen Bundesligaverein buchstäblich am Ende der Straße. In seinem Leben herrscht keine Fußballkultur aus zweiter Hand, so wie bei uns damals in Belfast, kein Defizit an *glory*. Er braucht schließlich keine Fähre, um in sein Stadion zu fahren. Sein Verein hat vier Titel in vier Jahren geholt, darunter einen europäischen. Trotzdem besteht für ihn kein geheimnisvoller Nimbus um Werder herum, denn er steht zwischen den Pfosten bei der Werder D-Jugend. Er schwätzt nach dem Training mit Wynton Rufer, er wird auf der Straße von Frank Neubarth angelächelt, er streichelt den Highland Terrier von Thomas Wolter, er erhält Tipps von Oliver Reck – ja, er wurde sogar vom zweiten Torwart Frank Rost fast überfahren. Trotzdem haben meine Geschichten von Charlton, Law und Best auch seine Träume gefärbt, denn es ist kein Zufall, dass sein Mekka Old Trafford heißt. Seine mythischen Gestalten sind Videoschatten von Giggs, Cantona und Hughes. Es ist sein Traum, *just once* nach Manchester zu fahren, um dort United spielen zu sehen. Er trainiert bei Werder in einem giftgrünen Trikot, das die Nummer und den Namen seines Vorbildes trägt: Peter Schmeichel. Und wenn er beim Eckball seine Abwehr anbrüllt, sehe ich vor meinem inneren Auge, wie in einem Schneesturm in München die hinkende Gestalt von Harry Gregg in ein brennendes Flugzeug zurückkehrt.

1 Wonach sich der wahre Fußballjunkie am Meisten sehnt, ist männlicher Nachwuchs.

Zappenduster

»Als es dunkel wurde, ging die Linie verloren.«
(*Weser-Kurier*, 29. April 1999)

»Ein Ruhmesblatt ist das nicht. Das Ergebnis des gestrigen Länderspiels der deutschen Fußball-Nationalmannschaft im Bremer Weser-Stadion wird zwar nicht als tragendes Ereignis in den Annalen eingehen, als Blamage aber durchaus im Gedächtnis bleiben.
(*Berliner Zeitung*, 29. April 1999)

Der bizarrste Abend, den ich im Weser-Stadion je verbracht habe, fing schon in der Frühe schön an. An einem lauen Morgen Ende April war unser Viertel ums Stadion voller Schottenröcke, die offensichtlich dabei waren, den Laden vor einem möglichen Überfall mal anzusehen. In der Stadt ging es ähnlich zu. Wie auf dem *Bild* aus dem *Weser-Kurier* zu erkennen ist, waren der Marktplatz und das Einkaufsviertel in der City voll von gut gelaunten schottischen Fans.

Auch am Nachmittag und am frühen Abend war es freundlich-friedlich, wenn auch der Beck's-Pegel dafür sorgte, dass es etwas lauter

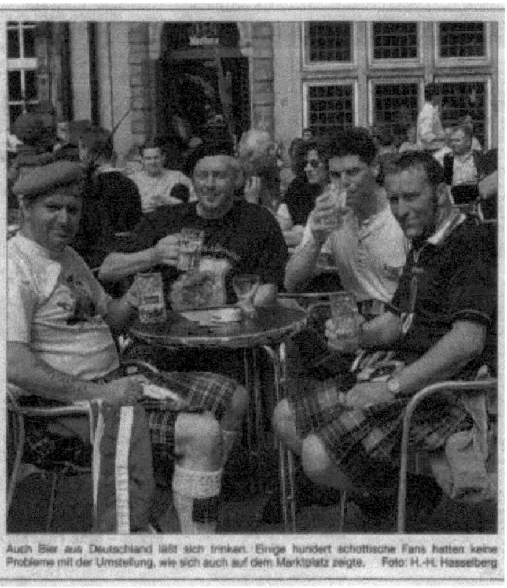

Auch Bier aus Deutschland läßt sich trinken. Einige hundert schottische Fans hatten keine Probleme mit der Umstellung, wie sich auch auf dem Marktplatz zeigte. Foto: H.-H. Hasselberg

wurde. In und vor den Eckkneipen um unsere Straße herum wurde gesungen: »The Bonnie Banks of Loch Lomond«, »Auld Lang Syne«, »Scotland the Brave« …

Anlass dieser Festivitäten war ein Länderspiel, eines der wenigen bis dahin in Bremen, das einen halbwegs interessanten Gegner aufzubieten hatte. Nichts gegen Malta natürlich (1980, Acht-Null), aber … Dieses Spiel hat in meinen Fußballmemoiren eine dreifache Bedeutung. Beim DFB ist es in die Annalen eingegangen als das Länderspieldebüt eines späteren Giganten, Michael Ballack, der eingewechselt wurde. Hier seine Benotung aus dem *Weser-Kurier* am nächsten Tag: »**Ballack**: Lange Zeit war der Lauterer in der Warteschleife, diesmal klappte es mit dem Debüt. Er schaffte es in seinem 30-Minuten-Einsatz allerdings nicht, das deutsche Spiel zu ordnen. Dennoch **Note 3.**« (Es war übrigens auch das Startelfdebüt von Jens Lehmann im Tor: »In seinem ersten Länderspiel von Beginn an wurde der Dortmunder selten geprüft, dann war er stets auf dem Posten. Machtlos am Gegentor. **Note 2.**«)

In meiner persönlichen Erinnerung ist es aus einem anderen Grund wichtig: Es war auch das Weser-Stadion-Debüt unserer Tochter Hannah (damals 12 Jahre), die inzwischen zu einem strammen Werder-Fan geworden ist, was aber in den vorliegenden Seiten vor lauter Fußballvater-Sohn-Getue vielleicht untergegangen sein könnte. Wir hatten tolle Plätze auf der Südtribüne, eher in der westlichen Hälfte, ziemlich dicht am Spielfeld, so dass wir die Spielergespräche und das Grunzen beim Einwurf deutlich hören konnten. Der Gästeblock lag schräg links von uns, und die Stimmung von dort bekamen wir sehr gut mit. Diese Stimmung war es denn auch, die – als drittes Moment – ganz wesentlich dazu beitrug, dass dieses Spiel in die Geschichte einging.

Mitten in der Pause ging das Licht aus, nicht nur das Flutlicht, wie in der Zeitung behauptet wurde, sondern das ganze Licht im Stadion. Stockdunkel. Zappenduster. Gemurmel von 37.000. Niemand wusste, was los war. Keine Terrorpanik, wie vielleicht heutzutage – ach, die Tage der Unschuld: für immer weg. Immer noch Gemurmel, das langsam abebbte. Dann, in der stillen, totalen Finsternis stiegen uns die Nackenhaare auf und verbreiteten sich als Ganzkörpergänsehaut. Aus der für die Schotten so passenden nordwestlichen Ecke erklang zunächst sehr leise die damals trotzige und noch inoffizielle schottische Nationalhymne:

Oh, Flower of Scotland
When will we see
Your like again,
That fought and died for,
Your wee bit Hill and Glen […]

… und nun immer stärker werdend:

Those days are past now,
And in the past they must remain,
But we can still rise now,
To be the nation again[1]

Als das Lied zu Ende ging, fiel ein ehrfürchtiges Schweigen über das Stadion, das bald von einem tobenden Applaus der Gastgeberfans abgelöst wurde. Stoff genug für ein Gedicht, das ich nie schrieb. Wie schade. Welch eine Atmosphäre, was für einen Abend, der in und vor den Kneipen Auf dem Peterswerder und in der Hamburger Straße feucht-fröhlich-brüderlich-schwesterlich-bilingual endete. Es war ein Abend, der von allen Beteiligten wie ein Sieg gefeiert wurde. Allein der *Weser-Kurier* am nächsten Morgen zeigte sich anhand von engstirnigen Stereotypen als schlechter Verlierer:

»Zum Schluss dominierten die Schotten sogar spielerisch, was einigermaßen verwunderte. Denn jedermann weiß, dass Fußball in Schottland eher gekämpft als gespielt wird.«[2]

---

1 O Blüte Schottlands, wann werden wir Euresgleichen wiedersehen, die Ihr gekämpft habt und starbt, für euer bisschen Hügelland [...] Diese Tage sind nun Vergangenheit, und Vergangenheit müssen sie bleiben, und doch können wir uns noch erheben, um wieder eine Nation zu werden. […]

2 Ich schätzte und schätze Heinz Fricke, ehemals WK-Sportreaktion, sehr, aber das verzeihe ich ihm nicht so schnell. Dabei hat er offensichtlich vergessen, dass der schottische Mittelfeldmotor Paul Lambert gerade zwei Jahre zuvor eine große Zeit als Publikumsliebling bei Borussia Dortmund hinter sich hatte, die er als Spieler des Abends im gewonnenen Champions League-Finale gegen Juventus krönte, wobei er Zinidine Zidane total »ausschaltete«.

Die Rückkehr der Finsternis

Dreieinhalb Jahre später, genauer am 6. August 2004 sitze ich mit meiner Frau in einem Strandcafé in Acharavi auf Korfu. Trotz Urlaubs und des Genusses mehrerer Gläser Mythos-Bier und der frischen Erinnerung an einen typisch griechischen Sonnenuntergang rührt sich in mir eine kleine Sehnsucht. Heute Abend ist nämlich Bundesligaauftakt, und der amtierende Meister Werder darf an einem Freitagabend live im öffentlich-rechtlichen Fernsehen die verhassten Schalker empfangen, die gerade unseren besten Stürmer, Ailton, und unseren besten Verteidiger, Krstajic, weggeklaut hatten. Das Stadion ist ausverkauft, und unter den 42.000 sitzt unsere Tochter mit meiner Jahreskarte auf meinem Platz. In Acharavi kommen wir mit dem Wirt ins Gespräch, der mein Seufzen mitgekriegt hat. *Wo kommen Sie her?*, und so weiter. Es stellt sich heraus, dass er Werder-Fan ist und dass sein Bruder, den er öfter besucht, Inhaber eines griechischen Restaurants irgendwo im Butenbremischen ist: Syke? Achim? Oyten?

»Soll ich Ihnen das Spiel im Fernsehen suchen?«, fragt er.

»Brauchen Sie nicht mehr, danke«, sage ich. »Es wird schon zu Ende sein.«

Er versucht es trotzdem an seinem Satellitengerät, und in der Tat sehen wir das Weser-Stadion. Das erste Bild, das ich erkenne, zeigt, wie die Mannschaften den Platz verlassen. Warum schleicht Miroslav Klose so? Dann höre ich die Stimme des Kommentators, der sinngemäß sagt: »Ein richtig enges Spiel – Null-Null.« Ach, nee. Gleich das erste Heimspiel der neuen Saison nicht gewonnen. Ein böses Omen. Auch wir schleichen dann zurück zur Ferienwohnung und putzen uns die Zähne. Als wir eine Stunde später im Bett lesen, piepst das Handy meiner Frau. Eine SMS. Von der Tochter.

»Werder. Toll!«

»Was meinst du?«, schreib ich zurück.

»Nelson! 83.« als einzige Antwort.

Es gibt nur eins: Ich muss sie anrufen. Da sprudelt ihre Begeisterung über die ganze Sache heraus. Der Strom im Stadion sei ausgefallen. Es funktionierten zwar zwei der Flutlichtmasten, aber alles andere war kaputt. Sie beschreibt, wie sie La Ola gemacht hatten, bis alles wieder heil war. Das, behaupte ich, sei zwar ganz nett, aber keine Kompensation für ein trostloses Null-Null gegen die Scheißschalker.

»Eins-Null! Eins-Null!« schreit sie. Valdez, 83. Minute. Habe ich doch geschrieben.«

Ich erkläre ihr, dass das nicht sein kann. Wir hätten das Spielende in Acharavi gesehen. Null-Null. Klose vom Platz geschlichen.

Klose? Klose sei grottenschlecht gewesen und gegen Valdez ausgewechselt worden, der kurz darauf das Siegtor geschossen habe.

Nun kommt die Wahrheit peu à peu heraus. Aufgrund des Stromausfalls konnte das Spiel erst über eine Stunde später angepfiffen werden. Was wir gesehen hatten, war das Ende der ersten Halbzeit.

Wieder in Bremen blättern wir durch den Haufen alter Zeitungen. Schuld am Stromausfall war ein Kurzschluss in einer Starkstrom-Gussmuffe bei Straßenarbeiten neben dem Stadion. Zuerst hieß es, ein Arbeiter habe ein Kabel mit dem Bagger durchgetrennt, später bestanden die Stadtwerke Bremen darauf, dass die Muffe von selbst ausgebrannt sei.

Wer nicht nur wissen will, wie eine Starkstrom-Gussmuffe aussieht, sondern die besagte historische Muffe persönlich kennen lernen möchte, kann sie noch heute im Wuseum, dem Vereinsmuseum Werders, besichtigen – natürlich von SWB gestiftet.

Dass am Ende der Saison Schalke einen Platz höher in der Tabelle stand als wir – zweiter hinter den Lederhosen – war ein weiterer Grund, muffig zu sein.

Des Hooligans zweiter Streich | Am Flughafen

Für Ivan Klasnić, den Killer

Das erste Tor war das beste, das schönste – allein weil unerwartet. Ein Eins-Null aus dem Paradies. Der Ball explodierte im Netz, und das Netz selbst zappelte im Sonnenlicht wie ein frisch gefangener Fisch. Den ganzen Nachmittag bis in den frühen Abend hinein guckten wir das Video in der Endlosschleife unserer Begeisterung. Liam, der Barmann, wechselte von Sender zu Sender bis zur Tagesschau. Wir schauten es immer wieder an und fragten uns: Geht der Ball dieses Mal rein, oder schnappt ihn doch noch der Bananenmann?

Am 8. Mai 2004, an einem Jahrestag also, der bis dato nur eine einzige, für Briten und Deutsche gleichermaßen schwerwiegende Bedeutung hatte, schlug der SV Werder den FC Bayern 3–1 im Münchner Olympiastadion, um schon am drittletzten Spieltag Deutscher Meister zu werden. Das Spiel sah ich im Irish Pub im Schnoor, normalerweise ein kleines Stück alte Heimat in Deutschland, heute aber – innen drin – ein riesiges Stück Bremen in Irland. Zu spät gekommen, mussten wir während der ersten Halbzeit am Eingang stehen. Bei besagtem Tor von Klasnić schwoll die Menschenmenge in der Kneipe so schlagartig an, dass ich mit drei anderen Leuten rücklings auf dem Bürgersteig landete. Bei der sich immer wieder genüsslich wiederholenden Wiederholung hielt ich mich am Türrahmen fest. Dank des Videoclips zum Lied Lebenslang Grün-Weiß kannte bald die halbe deutsche Bevölkerung nicht nur die Abfolge der Tore und die Torschützen auswendig[1], sondern auch den Fernsehkommentar von Marcel Reif: Riesenpatzer von Olli Kahn! … Tor durch Micoud!

---

1 Nur für Besucher vom Mars oder Volleyball-Fans aus Neuseeland: Klasnić (19.); Micoud (26.); Ailton (35.) Irgendwann haben die Bayern ein Tor geschossen – but who cares?

… Sie lassen ihn ziehen, sie lassen ihn schießen![1] Werder-Fans kennen das alles noch heute. Dann am Abend ging es zum Flughafen …

Ich treffe unsere Tochter, die aus dem Steintorviertel kommt. Wir marschieren los, von der Stadtmitte über die Wilhelm-Kaisen-Brücke, Richtung Flughafen. Das ist auch etwas Schönes in Bremen: Andere Bundesligisten – die Mainzer, die Herthaner, der Eff Zeh in Köln – haben ihre Brücken nach Kaisern benannt, aber bei uns heißt die Hauptverbindung zwischen den beiden Stadthälften nach einem sozialdemokratischen Bürgermeister. Wir marschieren weiter nach Südwesten, durch die Neustadt. Und plötzlich läuft der sozialdemokratische Bürgermeister neben mir – nicht derjenige mit der Brücke, sondern der aktuell regierende, Henning Scherf, umringt von Kindern wie der Rattenfänger der Spielvereinigung Preußen 07 Hameln, Stirn und Wangen grün-weiß bemalt. Wir sind das Volk, wir sind die grün-weiße Revolution, der Aufstand gegen die satte Dekadenz des Königreichs Bayern.

Plötzlich verliere ich meine Tochter – erst eine Stunde später sollte ich sie aus der Ferne wiedersehen, inmitten feiernder Freunde auf der Rollbahn. Inzwischen ist auch der Bürgermeister im Gedrängel verschwunden. Ich werde nun mehr geschoben, als dass ich laufe.

Und dann darf ich den Hooligan geben. Nachdem das kleine Flugzeug eine Landung vortäuscht und schließlich doch weiterfliegt – ein erschreckendes Manöver, das mir den Magen umdreht und mich an München 1958 denken lässt –, landen unsere Helden. Wir stehen da wie Kinder bei der Fütterungszeit im Zoo, ich in der geschätzt fünften Reihe hinter dem hohen Maschendrahtzaun, der anfängt, Wellen zu schlagen. Mir wird klar, dass die Jungs ganz vorne versuchen, ihn niederzutrampeln. Plötzlich ist es soweit: Der Zaun kippt aufs Rollfeld, Hunderte – darunter ich – drängeln hinüber. Schon steigen

---

1 Und überhaupt: Marcel Reif, Werder-Verächter und großer Schwätzer vor dem Herrn, der allerdings einmal richtig bemerkt hat: *Fußball ist kein Menschenrecht, sondern ein Grundnahrungsmittel.* Na ja, er soll auch gesagt haben: *Je länger das Spiel dauert, desto weniger Zeit bleibt.* Dagegen einer meiner Lieblingsfußballsprüche: *Das Schweigen von Ottmar Hitzfeld wird lauter …*

die Spieler die enge Treppe aus der Maschine herunter und machen sich auf den Weg zu den Abholbussen. Als sie uns kommen sehen, bleiben sie erstaunt stehen. Plötzlich steuert der Mittelstürmer, die heiß geliebte Nummer 17, der Schütze des ersten Tores, auf mich zu. Er drückt mich wie einen lange verschollenen Bruder, obwohl wir uns noch nie begegnet sind. Haste gedacht, wir schaffen das?, fragt er. Ich rieche Champagner – echten. Nachher steige ich die Treppe hoch und küsse das Flugzeug. Es ist noch warm.

In meinem Kopfkino läuft der Film immer noch ab. Und jedes Mal zappeln der Ball und Kahns Netz

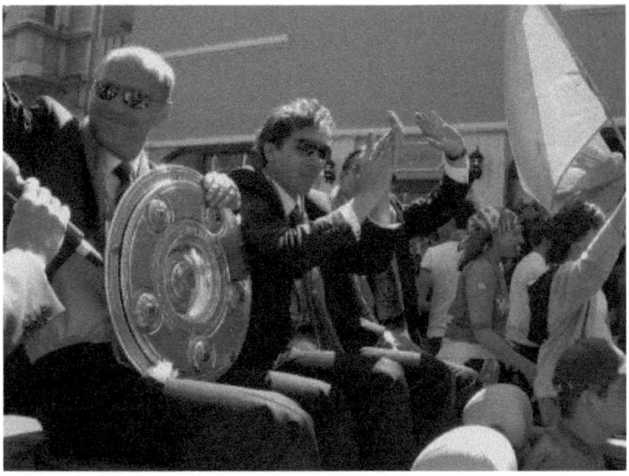

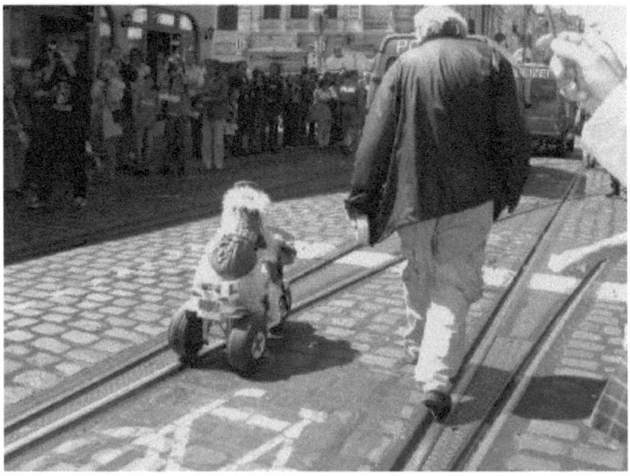

8. Mai 2004: Bremen feiert wie nur Bremen kann
(Fotos: Simon Makhali)

Allzu bald vergeht des Sommers Zeit[1]

Der Himmel ist so blau wie ein Schalke-Schal. Auf der Terrasse der bretonischen Ferienwohnung zieht der Geruch des vorbeigezogenen Gewitters vom Garten herüber. Schmetterlinge tanzen Walzer. Auf dem Rasen nebenan passt ein vierzigjähriger Vater einen Ball an seinen zehnjährigen Sohn. Vierzig und zehn – das ist das Goldene Zeitalter von Vätern und das Goldene Zeitalter von Söhnen.

Im Schatten des Ahorns liegt die spindeldürre, langbeinige größere Schwester neben ihrer lesenden Mutter. So wird an der Feinabstimmung eines gewissen (Schützen)Grabens fürs Leben gedreht.

Dann steigen Erinnerungen wie Wolkenpilze auf: feuchte, laubrutschige Rasen vergangener, für immer verlorener Spätsommertage. Gefühle des Bedauerns streicheln meine Haut wie Brennnesselfedern. Plötzlich fehlt mir mein großer kratziger Dreiundzwanzigjähriger, der, wenn er heimkommt, immer anders ist – mal glatte Wangen, mal Stoppelbart, dünneres oder fülligeres Gesicht. Die einzige Konstante ist die Baritonstimme. Und trotzdem ist sein Stern genau so konstant in meinem Himmelsgewölbe wie der des Zehnjährigen. Telefonate und spätabendliche Küchengespräche bilden das gegenwärtige Goldene Zeitalter.

1 Der Titel ist eine deutsche Übersetzung der vierten Zeile von Shakespeares Sonett Nr. XVIII: »And summer's lease hath all too short a date«.

Kiez und IKEA

Nach 1982 und 1989 kam 2006 die eigentliche deutsche Wende. Das war das Jahr, in dem für meine Freunde und Familie daheim, aber auch für Millionen in Europa und im Rest der Welt das Bild Deutschlands sich grundsätzlich änderte. Das Land, das ich mit meinen Steuern über Wasser halte, war wieder Gastgeber bei einer Fußball-Weltmeisterschaft. Aus Rotenburg-Wümme berichtete Ex-Manchester-United-Stürmer Dwight Yorke völlig begeistert über die überwältigende Gastfreundlichkeit der niedersächsischen Stadt, wo seine Nationalmannschaft von Trinidad and Tobago hauste. Käpt'n Yorkies positive Berichte kamen vor allem in England an, wo die Medien aller Couleurs eine pro-deutsche Party feierten. Die Kreisstadt ROW war voller gutgelaunter karibischer Fans, und die Begeisterung der Eingeborenen für die »Trinis« trieb seltsame Blüten:

> 13.6.2006: Ein aus Mosambik stammender Bremer weiß nicht, wie ihm geschieht – in der Rotenburger Fußgängerzone werden Autogramme von ihm gefordert. Es gilt: Schwarz = Trini.[1]

Beim Spiel gegen England (T&T verlor 2–0) fieberte die ganze Stadt mit den Gästen. Die Kollegen aus der Karibik mussten sich mit einem einzigen Punkt in der Gruppenphase zufrieden geben (0–0 gegen die Schweden in Dortmund) und Rotenburg bald verlassen.

1 http://www.taz.de/1/archiv/?dig=2006/06/20/a0057 | »Die Stimmungsmacher«: Seitdem das Nationalteam von Trinidad & Tobago sein Quartier im niedersächsischen Rotenburg aufgeschlagen hat, schwelgen die Rotenburger in kollektiver Begeisterung. Denn die Trinis erwidern die Zuneigung, unter anderem, indem sie schon mal das örtliche Schützenfest stürmen. Ein Tagebuch aus Rotenburg/Wümme, Anja Philipp Kindler.

Den englischen Fans ging es in und um Baden-Baden genau so gut, auch wenn sie die Gastfreundlichkeit der Deutschen mit besoffener Grölerei oft missbrauchten und die englischen Wags (= *wives and girlfriends*) der Mannschaft die WM in einen *celebrity circus* verwandelten.[1]

Meine Heimatstadt stand geputzt und offen da, wie lange nicht mehr. Bremen war Gastgeber für die schwedische Nationalmannschaft, die im Fünf-Sterne-Parkhotel weilte. Dort arbeitete ein junger Freund von uns, der sogar den Bademantel von Fredrik Ljungberg vom Spieler persönlich geschenkt bekommen hatte.

Der Tross der schwedischen Fans war in Bremen sehr willkommen; schließlich saß mit Markus Rosenberg ein Werderaner auf der Bank. Die *blågul*-Fraktion prägte das Gesicht unserer Stadt, sie füllten die Cafés, die Straßenbahnen und die Schlangen bei der Deutschen Post mit ihren fröhlichen Singsang-Stimmen. Ich sah, wie drei von ihnen, die gerade einen schwedischen Stadiongesang gegrölt hatten, einer jungen Mutter mit Kopftuch mit ihrem schweren Zwillingskinderwagen aus der Bahn halfen. Die, die saßen, boten den Einheimischen sofort lächelnd ihren Platz an. Überall bei uns im Viertel, von jedem zweiten Steintor-Balkon, hing die *flagga* mit dem himmelblauen Hintergrund und dem Sonnenscheinkreuz. Erst als es im Achtelfinale gegen Deutschland ging, bröckelte die hanseatische Gastfreundlichkeit.

Am Tag des Spiels war ich mit meiner Familie in Hamburg. Zusätzlich zum üblichen Touristenprogramm hatten wir bei brüllender Junihitze unten an der Elbe das schnuckelige Övelgönne-Viertel besucht, wo ich meinen Kindern das kleine Haus zeigte, in dem ich als Gaststudent als Untermieter eines gewissen Holger gewohnt hatte. Ohne etwas gegessen zu haben, beschlossen wir, Deutschland-Schweden beim Public Viewing auf dem riesigen Heiligengeistfeld neben dem Millentor-Stadion anzuschauen. »Unsere« Schweden im fremden St. Pauli erleben? Auf einmal ein mulmiges Gefühl: Heimweh

1 Der englische Innenverteidiger Rio Ferdinand 2008 in: http://www.theguardian.com/sport/blog/2008/oct/15/englandfootballteam-worldcup2010qualifiers.

nach einer ausländischen Nationalmannschaft? Aber, na ja, dachte ich, Kiez ist sowieso ein 75%iges Anagramm von IKEA, und Z ist die Komplementärfarbe von A.

Auf dem Feld war vom Heiligen Geist keine Spur. Hunderttausende andere Hoffnungsvolle hatten die gleiche Idee wie wir gehabt und waren schon längst vor Ort. Keine Chance, irgendwo in die Nähe einer Leinwand zu kommen. Also änderten wir unsere Pläne und liefen nach Süden, wo wir uns durch das Netz kleiner Straßen hinter der Reeperbahn schlängelten, das ich aus der Zeit mit Holger so gut kannte.

Weil Holgers bester Freund (wie hieß er noch?) im Star Club in der Großen Freiheit arbeitete, waren wir damals mindestens zweimal die Woche dort, und auch im Kaiserkeller, wo wir billiges Bier und mittelmäßige Beatmusik, live und aus der Dose, genossen.

In diesem inzwischen legendären Star Club stand ich sogar einmal, an einem lauen Abend bei fast leerem Haus auf der Bühne, weil der Bassist einer Gruppe aus Newcastle, die Summer Sets, in besoffenem Zustand auf dem Deck der Fähre ausgerutscht war und sich die Hand gebrochen hatte. Da das Ganze nur aus drei Akkorden bestand, war es auch für mich leicht, meine 45 Minuten erfolgreich zu überstehen und Ruhm einzuheimsen. Holger und sein bester Freund (wie hieß der denn bloß?) waren tief beeindruckt.

Es war auch im Star Club, dass ich an einem genauso heißen Frühsommertag im Jahre 1967 die wunderbare Astrid Kirchherr kennenlernte. In den sechziger Jahren wurde sie als »die« Beatles-Fotografin berühmt, deren Bilder der damals fünf Jungs um die Welt gingen. Eins davon: John, George und Stuart auf der Haube des LKWs am Dom (wo jetzt die Fans auf die Schweden warteten). Sie kannte die Beatles seit 1960 und war mit dem anderen, richtigen[1] »fifth Beatle« Stuart Sutcliffe verlobt; ihretwegen hatte er die Gruppe im Juni 1961 verlassen und war in Hamburg geblieben, um an der dortigen Kunsthochschule sein in Liverpool abgebrochenes Studium fort-

1 D. h. nicht mit dem *metaphorischen* – George Best (s. oben) – zu verwechseln. Auch mit »fifth Beatle« tituliert wurde ihr genialer Plattenproduzent Sir George Martin, der im März 2016 starb.

zusetzen und Maler zu werden. Als die Beatles im April 1962 nach Hamburg zurückkehrten, um im Star Club aufzutreten, erfuhren sie von ihr am Flughafen, dass Stuart zwei Tage zuvor im Krankenwagen auf dem Weg ins Krankenhaus an einem Aneurysma gestorben war. Astrid war bei ihm gewesen. All das erzählte sie mir damals, während sie Fotos machte, und ich erzählte es – sicherlich nicht zum ersten Mal – meinen Kindern weiter, als wir durch die heißen, staubigen Gassen von St. Pauli liefen.

Wir hofften also, eine Kneipe zu finden, wo das Spiel gezeigt wurde. Es gab natürlich viele, fast an jeder Ecke, aber alle waren nicht nur voll, sondern hatten auch eine große Traube von drückenden Menschen vor der Tür. Peter, der nicht gefrühstückt hatte, plagte der Hunger so, dass wir erst mal einen Bäcker suchen wollten – oder vielleicht eine Dönerbude? An einer Straßenecke sahen wir einen türkischen Supermarkt, wo es, wie so oft in diesem Viertel, drei Stufen ins Souterrain ging. Hinter dem Tresen nahe am Fenster erblickten wir Warmhaltetruhen mit türkischen Spezialitäten. Gerettet. Erst als wir eintraten, merkten wir, dass der ganze Laden umgeräumt und bestuhlt war – und voller Fans, die eine schräg oberhalb der Eingangstür befestigte Leinwand anschauten. »Aus dem Weg!«, rief einer. Nachdem wir Döner und Beck's bestellt hatten, fragten wir den Chef, ob er noch Platz für fünf Fremde hätte. »Aber natürlich.«

Schon nach zwölf Minuten liegt Deutschland 2–0 in Führung (zweimal Podolski) und der Laden tobt. Trotzdem stürmen die *blågulla* und haben ihre Chancen. Das Spiel schwappt weiterhin von Strafraum zu Strafraum; das nennen wir auf Englisch *end-to-end stuff.* Als ein Schuss von Thorsten Frings das Außennetz trifft, glauben fast alle, es stünde 3–0. Nur eine Gruppe türkischer Jungs macht sich lustig über die blöden Deutschen, die keine Ahnung haben und sich vor ein paar Monaten überhaupt nicht für Fußball interessierten. Nach einer gelb-roten Karte nach 20, 25 Minuten sind die Schweden nur noch mit zehn Mann auf dem Platz und beginnen zu wackeln.

In der Pause unterhalte ich mich auf Englisch mit vier Brasilianern und einem Schotten (im Schottenrock sogar: *Aber die Jocks haben sich nicht mal qualifiziert!*) in der Schlange vorm Personalklo. Auf Deutsch, Türkisch und Arabisch wird rings um mich herum palavert.

Kurz nach dem Wiederanpfiff verschießen die armen Schweden einen Elfmeter und sind nicht mehr zu retten. Langsam wird die Stimmung überheblich. Einer, der am Hämischsten auftritt (»Ihr könnt nach HAUSE fahrn!«), trägt über seinem Deutschland-Trikot einen HSV-Schal, und ich denke: *Nach Hause? Für die ist das aber erst Bremen.* Ab und zu outen wir uns auch als Bremer, zum Beispiel, wenn Frings und später Borowski etwas Tolles machen, aber das ist uns trotz der Höhle des großen hanseatischen Löwen egal, und niemand scheint es zu merken. Es ist aber nicht alles Friede, Freude, Eierkuchen. Viel Testosteron liegt in der Luft, und die türkischen Jungs machen sich erneut lustig über die Mittelschicht-Altonaer und die Bäckpäcker. Aber ohne Reibung und Funken geht Multikulti sowieso nicht. Es kommt, was kommen muss: Unsere Schweden verlieren. Und als Freddie Ljungberg in die Kabine geschickt wird, wo kein Bademantel mehr auf ihn wartet, singt der ganze Laden, mitsamt den Bremern, frei nach »Yellow Submarine«: *Zieht den Schweden die Schrauben aus dem Schrank.*

* * *

Nach dem Spiel kommen uns die Massen vom Heiligengeistfeld entgegen. Auf einem Poller sitzt ein dunkelhäutiger, traurig aussehender Jugendlicher. Auf ihn steuert eine Gruppe von Skinheads zu, und ich denke: *Ach du Scheiße, jetzt musst du was unternehmen.* Ein dicker Hässlicher mit einem knubbeligen Kopf spricht den Jungen an:

»Na, Alter, freust dich nich?«

»Ich bin kein Deutscher«, erwidert der Kleine.

»Quatsch«, sagt der Dicke. »Heute sind wir alle Deutsche« – und schenkt ihm eine Dose Holsten.

Offener Brief

Die sind zu verwöhnt
(Schlagzeile im *Weser Kurier* vom 16. 3.2007)

»Richtige Fans«, sagte Vranjes, »sind die, die 90 Minuten in der Ostkurve stehen. Vor denen habe ich Respekt. Die anderen sind nur da, wenn wir Erfolg haben.«

Lieber Herr Vranjes,
ich bin seit über dreißig Jahren Dauerkarteninhaber des SV Werder – ich hatte 1980/81 sogar eine (Stehplatz-)Dauerkarte in der zweiten Liga. In den meisten dieser Jahre stand ich in einer unüberdachten Kurve, bis dann der Umbau der Ostkurve für Stehplätze zu wenig Raum übrig ließ. Während der Umbauphase merkte ich, wie viel mehr ich vom Spiel hatte – das Spiel, das mir immer wichtiger war, als es für viele Barbrüstige zu sein scheint, die jetzt in der Kurve mehr Interesse daran haben, ihr Testosteron zu vergeuden, mexikanische Wellen zu initiieren und den (nicht anwesenden) Hamburger Sportverein zu beleidigen, als dem eigentlichen Spielverlauf, von dem immer wenigere was verstehen, zu folgen. Also beschloss ich, in der Nordgerade zu bleiben, wo ich nun in meinem Alter den zusätzlichen Luxus genieße, dass ich eine halbe Stunde vor Anpfiff ankommen kann und trotzdem einen guten Blick aufs Geschehen habe.

Was ich damit sagen will, ist, dass ich als Zuschauer – auch mit Dutzenden von Erkältungen – mein Lehrgeld bezahlt habe. Und Sie?

Arroganz muss verdient werden. Also bin ich (noch) bereit, ähnliche Aussagen von Ihrem Kollegen Frings zu akzeptieren – auch wenn dieser Ferrarifahrer in den letzten Wochen fast so viele Fehlpässe gemacht hat wie Sie. Sie aber, schon mit 27 im dritten Bundesligaverein, haben allen Zuschauern gegenüber immer noch eine erhebliche Bringschuld. Weder in Leverkusen noch in Stuttgart (Notendurchschnitt Ihrer letzten Saison 2004: 4,21) konnten Sie zeigen, dass Sie bundesligatauglich sind. Die Kombination von limitierter Technik und einer Langsamkeit, die von Sten Nadolny noch zu entdecken wäre, führt zu einer überdurchschnittlichen Zahl von Fouls. (Kleiner Merktipp: Geben Sie den Ball immer an die Spieler ab, die das gleiche Trikot tragen wie Sie.) Ich fülle meine Komparsenrolle als Speerhalter im Fußballtheater sehr professionell. Niemand erwartet von Ihnen den Hamlet oder Wilhelm Tell, aber auch die Bösewichte müssen mit dem Schwert umgehen können.

gez. Block 1

One team in Germany – one team in Ireland?

Ich lebe im vereinigten Deutschland. Ich erinnere mich an die Tränen und die Trabis am Brandenburger Tor. Ich erinnere mich an den Tag, an dem Bayern München zum ersten Mal gegen Dynamo Dresden in derselben Liga spielte. Ich habe erlebt, wie vier bekannte europäische Fußballvereine in verschiedene Arten von Vorhölle geschlittert sind – beim FC Karl-Marx-Stadt verschwand sogar der Name der Stadt. Plötzlich konnte ich Samstag für Samstag Thom, Doll, Kirsten und René Müller live spielen sehen – Müller, plötzlich ein ehemaliger Nationaltorwart geworden, nur weil er aus einer ehemaligen Nation stammte. Werde ich das alles noch mal in Irland erleben? Werden Peter McPartlands zwei Tore gegen »West Germany« bei der WM 1958 genau die gleiche Verdrehung der Wahrnehmung genießen wie Sparwassers Tor 1974 gegen die gleiche Halbnation? Wie wird der neue Fußballverband heißen? Werden wir dann vorher eine Zeit lang gar zwei haben – wie damals die Bundes- und die Reichsbahn? Verglichen mit dem Fall der deutsch-deutschen Mauer oder der Auflösung Jugoslawiens – waren das fünf neue Verbände? – wird zwar der Fußball in Irland, Nord und Süd, eine der untergeordneten Probleme der Zukunft sein, aber klammheimlich spielten auch die verbissensten Unionisten am Stammtisch immer mit der Idee einer panirischen Nationalmannschaft. Anfang der Siebziger hieß schon die Frage: Hätten sich die Iren mit George Best und Johnny Giles sich für die EM qualifiziert und wären sie weit gekommen? Und: Hätten diese beiden Rivalen (Manchester gegen Leeds – *Disunited*) überhaupt zusammenspielen *können*?

Siebzehn Jahre ist das her, der Waffenstillstand in Belfast. Das gemeinsame singen von *Danny Boy* hat viel, aber auch wenig gebracht. Mit dem Frieden hat sich viel Normalität eingenistet. Belfast ist nach 21 Uhr keine Geisterstadt mehr, im Gegenteil: Die Clubs und Restaurants zwischen Stadtzentrum und Universitätsviertel tragen den Kosenamen *The Golden Mile*. Die Menschen in der Stadt, allen voran die jungen, haben viel nachzuholen. Andererseits bleibt die Atmosphäre gespannt – es ist ein politisches Vakuum entstanden, in dem keiner eine falsche Bewegung machen will. In einem Paralleluniversum neben dem *cross-community-* oder *truth and reconciliation-*Amnestien bleiben paramilitärische Strukturen versteckt erhalten – wenn man im Fernsehen einen »Jugendarbeiter« sieht und hört, kann man davon ausgehen, dass es sich um einen (ehemaligen) Terroristen handelt. Und die Schattenseite des Alltags hat sich auch an den von Großbritannien angepasst: rassistische Angriffe gegen die wenigen Schwarzen und gegen die kleine, alteingesessene chinesische Gemeinschaft. 2009 mussten 150 Roma nach Rumänien heimkehren, nachdem sogar die Kirche, in der sie nach Angriffen Asyl gefunden hatten, auch angegriffen wurde. Die Angreifer tragen Fußballtrikots, gewöhnlich Linfield, Glasgow Rangers oder Liverpool.

Eine gute, aber auch eine schlechte Nachricht

Tagebucheintrag, 14. Oktober 2014

Die gute Nachricht: Nordirland führt Gruppe F der EM 2016 Qualifikation mit neun Punkten aus drei Spielen, gegen Ungarn und Griechenland auswärts, sowie gegen unseren »Angstgegner« Faröer in Belfast. Drei Spiele, zwei davon auswärts, neun Punkte, Leute!

Die schlechte: Das interessiert schon wieder kein Schwein um mich herum.

* * *

Tagebucheintrag, 12. Oktober 2015

Nun hat Norniron gestern Abend in Helsinki die Gruppe F als Erster mit 21 Punkten abgeschlossen. Heute hat mich einer endlich deswegen angesprochen. Erst jetzt werde ich als Fußballnation wieder ernst genommen. Wartet nur ab.

Roll on France. Here we go, here we go, here go!

Das bittere Ende

Zur Identifikation gehört Loyalität. Also ist es für mich selbstverständlich, meine Mannschaft unter allen Umständen zu unterstützen. Ich würde nie mit den Pfeffersäcken um mich herum pfeifen und damit die Mannschaft verunsichern, nur weil ich nicht auf meine Kosten komme. (Diese gute alte hanseatische Tradition des Preis-Leistungs-Verhältnisses lebt auf den Sitzplätzen manchmal noch.) Schreien tue ich zwar oft: »Geh doch einer hin!«, »Spiel doch ab!« oder Schlimmeres – aber das hören die Spieler bzw. der Schiedsrichter nicht. Für mich war es auch selbstverständlich, das Spiel auf keinen Fall vor dem Abpfiff zu verlassen. Wenn ich in der Sportschau sah, wie in der 80. Minute enttäuschte, abstiegsbedrohte Fans in irgendeinem Stadion in Massen verschwanden, dachte ich mir immer: *Bei uns kann so was nicht passieren.* Allerdings hat diese ehrenhafte Haltung auch eine pragmatische Seite. Vor Jahren hatte mein Stadionnachbar Klaus, der zur Schicht ins Stahlwerk musste, das Stadion in der 87. Minute beim Spielstand von 1–2 verlassen und damit den Ausgleich und das Siegestor von Werder verpasst. Die Schreie der Begeisterung hörte er dann auf der Straße auf dem Heimweg. *Lass dir das eine Lehre sein.* Auch die Freunde und Bekannten um mich herum taten das gelegentlich, wenn alles verloren schien. Ich hingegen war bekannt für meine hinterher geschleuderten mahnenden Worte, die wirkungslos an ihren Rücken abprallten. Sie kamen mir so erbärmlich vor wie jene Menschen im Konzertsaal, die vor der Zugabe aufstehen und gehen, damit sie als erste an der Garderobe sind.

Aber Ende September 2015 ist es dann so weit: ich erlebe das, was Werder-Trainer Skripnik als die schlechteste Halbzeit der Mannschaft seit seiner Amtsübernahme bezeichnet hat. Es war eine sehenswerte erste Hälfte gegen Bayer Leverkusen gewesen, bei der Ujah den Pfosten getroffen hatte; in der Pause liegen wir durch einen unglücklich abgefälschten Sonntagsschuss von Mehmedi zurück. Gutes Gefühl also, gute Laune und gute Witze im Ostkurvenklo.

Ach, *à propos* Klo. Manchmal, an schlechten Samstagen, ist dieser Halbzeitpausenbesuch das Highlight meines Nachmittags. Dampfende lachende Brüderschaft, Schulter an Schulter. Enger geht's nicht. Kleine Jungs werden von ihren Vätern nach vorne geschoben und sofort rangelassen, auch wenn man selber einem massiven Druck ausgesetzt ist. Hier wird unter Fremden wie nirgendwo sonst in Bremen geschwatzt und gejohlt. Auch die alten, über Jahrzehnte wiederholten Witze klingen immer wieder frisch: »Steh ich denn hier in der Prostataschlange, oder was?« Mein Lieblingserlebnis spielte sich an einem Mittwochabend Anfang der neunziger Jahre ab. Champions League, Milan, glaube ich. Man bewegt sich langsam und geduldig nach vorne wie in einer Lebensmittelschlange in Nordkorea, nur dass hier die Stimmung erheblich besser ist. Wie immer schlurfen wir Schulter an Schulter vorwärts, bis wir im Vorraum, zwischen den beiden Waschbecken gegen die Wand gepresst, mit starrem Blick nach vorne, einen Polizisten entdecken. »Eh, Bulle, was machst du denn hier?«, fragt einer vor mir. »Ich passe auf, dass du die Hand am eigenen Pimmel hast.« Schlagfertig war die Bremer Polizei ja schon immer. Aber, lieber Leser, Sie merken es: Ich schweife ab. Der Grund ist, dass ich das Kommende vor mir herschieben will. Aber es muss gesagt werden, ich muss dazu stehen.

Nach der Pause wird Werder dann regelrecht vorgeführt. Ein gebürtiger Bremer, der Borgfelder Julian Brandt, sowie einer, der in Huchting groß geworden ist, Karim Bellarami, die beide bei den Pillendrehern gelandet sind, nehmen Werder auseinander wie ein Biologie-Lehrer einen Frosch. Werder wehrt sich auch wie ein toter Lurch. Zwei Tore in gefühlt zwei Minuten (meine Recherche sagt sieben). Als Kampl das 3–0 über unseren Torwart hereinschlenzt, stehen plötzlich alle um mich herum auf und gehen nach links. Bodo als Erster, auch Klaus, obwohl er heute bestimmt keine Schicht hat. Nach einer Minute sitze ich mutterseelenallein da, total durcheinander. Null-drei zu Hause gegen Leverkusen, und noch zwanzig Minuten zu spielen. Die anderen gehen alle so schnell, dass ich nicht mal in der Lage bin, ihnen Vorwürfe hinterher zu schleudern. Was soll ich also machen? Schließlich stehe ich selber auf und gehe verwirrt und langsam in Richtung Ausgang. Der Andrang – oder eher Abdrang – an der Ostkurventreppe ist so groß, dass wir nicht vorankommen. Wir schlurfen geduldig Schulter an Schulter die Stufen runter. In halber Höhe steht plötzlich Bodo neben mir.

»Du hier? Du Heuchler. Ich denke, du bleibst immer bis zum bitteren Ende.«

»Ja, Bodo«, antwortete ich, »aber heute kam das bittere Ende schon in der 65. Minute.«

Back to the Future | Belfast in Bremen

Heute ist kein Tag wie jeder andere, es ist nämlich »Zurück in die Zukunft«-Tag. In diesen Tag hinein fuhr und flog Marty McFly 1989 im zweiten Teil der Kult-Film-Trilogie. Heute ist also seine Zukunft und unsere Gegenwart, denn nachmittags schoss er durchs Raumzeitkontinuum ins Jahr 2015, und zwar genau in den heutigen 21. Oktober. Überall wird gefeiert: Weltweit, auch in Bremen, werden alle drei *Back to the Future*-Filme hintereinander gezeigt. Der Hype ist kolossal; Facebook tobt. Sogar die seriöse ARD bringt morgens um 10 eine *Tagesschau*-Parodie aus dem fiktiven Jahr 2015, in dem die britische Königin (!) Diana in Washington einen Staatsbesuch abstattet und ein »Zwischenfall im kalifornischen Hill Valley« stattfindet, bei dem Martys Landung in der Zukunft heute als »Geisterfahrt auf der Autobahn« bezeichnet wird. »Bei dem Wagen,« so Moderatorin Linda Zervakis, »soll es sich um einen DeLorean handeln.« Am Ende der zweiminütigen Sendung heißt es dann: »Das waren die Nachrichten und damit zurück in die Zukunft.« In allen Medien wird digital und analog über das berichtet und kommentiert, was der Film als fiktive Zukunft zeigt – nämlich, was man 2015 immer noch nicht hat (nicht zuletzt das coole fliegende Hoverboard), vor allem aber über die Dinge, die Regisseur Robert Zemeckis 1989 erstaunlicherweise *richtig* prognostiziert hat: allgegenwärtige Videoüberwachung; unbemannte Drohnen, Flatscreen-TV, Videochat und so weiter.

Ich habe gerade ein frühes Mittagsessen mit einem Freund und Kollegen genossen, der bei Radio Bremen arbeitet. Wir haben über mögliche Filmprojekte gesprochen, etwas über die (noch-) Schiffbau- und Hafenstädte Belfast und Bremen, und ich habe mein jetziges Buchprojekt ins Gespräch eingebracht: Zukunftsmusik eben. Da er um 13.30 Schichtbeginn hat und ich erst um 14 Uhr einen Termin wahrnehmen muss, begleite ich ihn zu seinem Arbeitsplatz zurück. Wir biegen von der Großenstraße rechts in die Diepenau, wo der Sender liegt. Dort, vor der gläsernen Eingangshalle, steht eine Traube von 12, vielleicht 15 Menschen um ein Auto herum. Es wird fotografiert; Blitze blitzen, Selfie-Sticks werden gezückt. Als ich hinter den Menschen rechts und links die hochgeklappten Flügeltüren wahrnehme, erkenne ich endlich, was das für ein Wagen ist. »Schau mal, Marcus, der DeLorean!«

Das DeLorean-Auto war 1981 schlicht und einfach die Zukunft Nordirlands. Es war vielleicht der Tiefpunkt, jedenfalls einer der vielen finsteren Tiefpunkte der Geschichte meiner Heimat. Schon im Herbst 1980 hatten die internierten IRA-Mitglieder den ersten Hungerstreik begonnen. Nach über vier Jahren Protest wollten sie damit für sich den Status politischer Gefangener erreichen. Sie hatten zunächst Mitte der Siebziger die »Blanket Protests« durchgeführt, bei denen sie sich geweigert hatten, Gefängnisuniformen zu tragen und sich deshalb nur in Decken hüllten. Danach kamen die »Dirty Protests«, die »Dreckproteste«, bei denen sie, anstatt ihre Toiletteneimer zu leeren, ihre Zellen mit dem eigenen Kot beschmierten. Zwischen Mai und August 1981 starben 10 Gefangene, 13 überlebten. Trotz der internationalen Aufmerksamkeit dieser Aktion blieb die britische Regierung unter Thatcher hart und lehnte die Forderungen der Gefangenen ab. Die Fronten zwischen den pro-britischen Unionisten und Loyalisten einerseits und den nationalistisch-republikanischen Kräften andererseits verhärteten sich drastisch. Die Provinz war polarisiert wie noch nie zuvor, kaum jemand traute sich in die Städte, vor allem abends. Diese Polarisierung und die daraus resultierende Verschärfung der Kämpfe und Sicherheitsmaßnahmen in Belfast wirkte sich interessanterweise an anderer Stelle aus: Wie der nordirische Schriftsteller Glenn Patterson, damals 20 Jahre alt, anmerkte, versetzte sie der starken Punk-Bewegung in der nordirischen Hauptstadt, die Jugendliche aus beiden Lagern rekrutierte und (für Punks relativ friedlich) zusammenführte, den Todesstoß. 1979 forderten ja die Stiff Little Fingers im Lied »Alternative Ulster« die Jugend der Provinz auf, ihre Heimat zu verändern:

You got the Army on the street
And the RUC dog of repression
Is barking at your feet
Is this the kind of place you wanna live?

Is this where you wanna be?
Is this the only life we're gonna have?
Get an Alternative Ulster
Be an anti-security force
Alter your native Ulster
Alter your native land[1]

Hinzu kam, dass zu der Zeit die Arbeitslosigkeit in der Provinz zur höchsten in Europa zählte. Um Arbeitsplätze zu schaffen und dadurch die Lage zu befrieden, reagierte die britische Regierung etwas reflexartig, fast panisch. Sie versuchte, durch massive Subventionen und Steuererleichterungen Firmen nach Ulster zu locken. Und so wurde dem Vorschlag des eigenwilligen amerikanischen Autoingenieurs John DeLorean gefolgt, in Nordirland Luxusautos zu bauen. Der Multimillionär DeLorean (1925–2005) war ehemaliger Vizepräsident von General Motors, der nach einem Streit mit dem Detroiter Autogiganten über seine Idee, »ethische« (wir würden heute sagen: »ökologische« oder vielleicht eher »nachhaltige«) Autos zu bauen, kündigte und sich mit seiner DeLorean Motor Company selbstständig machte. Er hatte die monomanische Idee, in Nordirland solch notgedrungen teure, sprich: Luxusautos zu bauen. Die Keilform (wegen der Aerodynamik, also Treibstoff sparend) sowie die Edelstahl/Glasfaserkarosserie waren damals revolutionär. Die Regierung war begeistert, und dem vermutlichen Heilsbringer wurde viel Unterstützung zuteil; seine Fabrik am Südrand Belfasts wurde fast ausschließlich mit Steuergeldern gebaut.

Der Traum währte aber nur weniger als zwei Jahre; es wurden weniger als 9.000 Exemplare des DMC-12 gebaut (was natürlich zum

1 Ihr habt Soldaten auf den Straßen / Und der Unterdrückungshund der Polizei / Bellt an euren Füßen / Ist das die Art von Ort, wo ihr leben wollt? / Wollt ihr wirklich hier sein? / Ist dies das einzige Leben, das wir je haben werden? / Holt euch ein alternatives Ulster / Werdet eine Anti-Sicherheitstruppe / Ändert euer heimisches Ulster / Ändert euer Heimatland. https://www.youtube.com/watch?v=qLo7z50Tt2g.

Kultcharakter des Autos bis heute beiträgt), bevor die Firma Pleite ging. Dann kam *Zurück in die Zukunft* und die Legende war geboren. DeLoreans weitere Lebensgeschichte (eine durch Betrug eingeleitete oder zumindest beschleunigte Pleite) würde einen weiteren Film füllen, gehört aber hier nicht auf die Tagesordnung. Denn das Abenteuer DeLorean, das mit der grandiosen Insolvenz von DMC endete, kostete Nordirland – Kult hin, Legende her – Abermillionen und Hunderte von Arbeitsplätzen, und das mitten in einem Bürgerkrieg. Das Bremer Shipping-Business hatte zwar fast 30 Jahre später eine Parallele, aber die Beluga-Insolvenz, gravierend und peinlich wie sie war, hatte nicht solch weitreichende Konsequenzen für den hiesigen Wirtschaftsraum.

Also bewundern wir das Prachtexemplar vor dem Loriot-Sofa des Senders; ich streichele sogar nostalgisch und nicht ohne Stolz und Heimweh den Edelstahlkotflügel. Als mein Freund und ich uns verabschieden, lache ich und sage »Vergiss George Best und die Titanic, Marcus. Wir Belfaster haben doch etwas hervorgebracht, was nicht sinkt, sondern fliegt, und zwar immer noch in die Zukunft.«

Nostalgie 2016

Manches ärgert mich Heimspiel für Heimspiel im Stadion. Da ist zum Beispiel die Tatsache, dass irgendein Architekt dafür zur Rechenschaft gezogen werden müsste, dass der Gästestehblock so steil und so hoch ist, dass wir an der weit entfernten nordöstlichen Ecke die Fans von Auswärts noch gut hören können, obwohl unsere Jungs genau unter uns stehen und brüllen. Oder war vielleicht ein ehemaliger, abtrünniger Sportdirektor dafür zuständig?

Da ist auch das unsinnige Einschalten der Sprinkleranlage vor Spielbeginn. Wer miterlebt hat, wie in der dritten Minute Jannik Vestergaard vor dem eigenen Tor deshalb ausgerutscht ist, muss sich fragen, ob die Verantwortlichen von allen guten Geistern verlassen worden sind.

Und kurz nachdem die Anlage ausgeschaltet wird, kommen die Mannschaften auf das Spielfeld. Da werden wir mit Fanfaren aufgefordert, die eigene Mannschaft (»Werder« – »BREMEN!«) anzufeuern. Früher hieß es: »Wir begrüßen beide Mannschaften und das Schiedsrichterteam.« Auch wenn ich damals auf meinem Ostkurven-Stehplatz gelegentlich nur mit der rechten Hand in die leere Luft klatschte und mir den albernen Witz erlaubte: »Ich begrüße nur eine Mannschaft und das Schiedsrichterteam.«, frage ich mich, wo das Fairplay geblieben ist; und das bei einem Verein, der soziales Engagement predigt und in der Tat sehr viel im Projekt »Werder bewegt« geleistet hat.

Am Schlimmsten aber ist die selbstzufriedene Nostalgie. Woche für Woche wird unsere stolze Nationalhymne gespielt und ± 40.000 singen mit. Ich bin schon längst bereit, »Lebenslang grün-weiß« zu bleiben. Und wenn die Zeile erklingt, »Hebt die Hände hoch, zeigt den Werder-Schal«, habe ich das schon längst getan. Nur diesen Text werde ich im Stadion nicht mehr mitsingen: »Wir sind Meister und haben den Pokal.« Leute, Leute, dass ist zwölf Jahre her.

Was ist aus der wunderbaren Selbstironie von »Das W auf dem Trikot« aus dem Jahr 1997 geworden? »Die Meisterschale glänzt noch / Es gab Enttäuschengen und Frust. / Viele haben uns totgesagt,«… Wäre nicht so eine wunderschöne Zeile wie »doch Werder, wir komm' wieder« heutzutage passender als »Wir sind Meister und haben …« oder »Ganz Deutschland klatscht Werder Applaus«? Vielleicht kann Arnd Zeigler, Autor der beiden schönen Texte, ein paar Zeilen neu schreiben, damit ich mich wieder beteiligen kann. (Gleichwohl: Selbst wenn ich nicht mitsinge, steigt auch bei mir der Kloß in den Hals.)

Über diesen Sing-Boykott des kleinen Mannes hinaus möchte ich einen ersten kulturellen Beitrag zu einer neuen Sachlichkeit machen. Angesichts der neuen Situation des SV Werder, angesichts des bescheidenen Beiersdorfersch-labbadistischen Aufschwungs des HSV sowie vor allem des künstlich Allof'schen Größenwahnsinns in der kahlen künstlichen Autostadt schlage ich folgenden neuen Schlachtgesang vor:

Die Nummer einst
Die Nummer einst
Die Nummer einst
Die Nummer einst im Norden sind wir.

Ja, früher war die Nostalgie auch besser.

Nightmare on Osterdeich

Ein Tagebucheintrag, 28.02.2016

Ich werde wach. Es ist Sonntag und eine beinahe warme Beinahe-März-Sonne kriecht hinter den hellen Gardinen hervor.

»Guten Morgen«, lächelt meine Frau, die in ihrem Kindle liest. »Machst du Frühstück, oder soll ich?«

»Oh Gott sei Dank«, stöhne ich. »Es war alles so furchtbar. Aber jetzt bin ich wach, du bist da, es ist Sonntag und die Sonne scheint«.

»Was hast du denn geträumt, du Armer?«

»Ein fürchterlicher Albtraum. Ich habe geträumt, dass Werder gestern im Abstiegskampf zu Hause unentschieden gegen Augsburg gespielt hat. Wir lagen sogar 1–2 zurück und gerade bevor ich wach wurde, hat Claudio Pizarro in der allerletzten Minute den Ausgleich geschafft. Puh... Ich mache das Frühstück.«

»Nein, nein, Schatz, das war aber kein Albtraum. Die haben wirklich zu Hause gegen Darmstadt unentschieden gespielt. Du warst doch gestern selber im Stadion. Hast du das vergessen?«

Das hatte mein traumatisiertes Gehirn verdrängt – aber das Gehirn schläft nicht.

Ich stehe auf, stelle die Kaffeemaschine an, decke den Tisch und hole die Zeitung herein. Doch nun scheint die Sonne nicht mehr.[1]

1 06.03.2016: Eine Woche und sechs Punkte später sieht alles anders aus. Am Mittwochabend 4–1 in Leverkusen und gestern drei Pizarro-Tore gegen Hannover zum nächsten 4–1. Aber das ist kein Rettungsufer, denn andere können auch gewinnen ... Der Abstiegskampf ist und bleibt ein Tagesalbtraum auf der Achterbahn. Das ganze Leben ist eine englische Woche. Dafür schlafe ich besser und träume davon, wie ein 39-jähriger Pizarro uns in den Europapokal schießt.

Departures

Ich schalte den Corsa herunter, sobald die Ausfahrt in Sicht kommt. Nassschwarz breitet sich der Lagan hinter mir von links nach rechts aus, als ich die Grafschaft Antrim in Richtung Down verlasse. Da ist er wieder, dieser Niesel, den ich von Norddeutschland und Nordirland kenne: noch kein Regen, aber irgendwie mehr als Nebel. Die Luft und der Straßenbelag werden gerade so feucht, dass ich die Scheibenwischer in unregelmäßigen Intervallen laufen lassen muss. Wenn ich sie auf Wiederholung stelle, quietschen sie, und wenn ich sie ausschalte, ist die Windschutzscheibe plötzlich verschwommen und voller Bremslichter. Zu meiner Linken sehe ich kurz die Lichter der Fähre – einst die einzige Fluchtmöglichkeit, nun ein Hochgeschwindigkeits-Tragflügelboot. Ich komme herein nach Ost-Belfast, Stoßstange an Stoßstange, in einem Tempo, das sie hier immer noch 45 Meilen die Stunde nennen, und auf einer Straße, die mir in meiner Jugend wie ein Los Angeles Highway vorgekommen wäre. Gleich wird zu meiner Rechten das Stadion The Oval auftauchen, wo ich im September 1967 sah, wie der Glentoran FC Benfica mit einem 1–1-Unentschieden standhielt – die guten alten Zeiten vor den schlechten alten Zeiten.[1]

Noch einen Kilometer auf Heimatboden. In Gedanken bin ich schon auf dem Flug; der erste kurze Hop ist von George Best zu Liverpool John Lennon, Flughäfen, die nach zwei Personen benannt sind, die für meinen Vater absolute personae non gratae sind. Der zweite geht in eine andere Zeitzone, in eine andere Welt. Wieder

1 Glentoran hat bis zur 86. Minute geführt, dann glich kein anderer als Eusebio aus. Richie Warburton (siehe oben) spielte nicht, da er ein Jahr zuvor seine Karriere wegen eines Kreuzbandrisses beenden musste.

einmal fliege ich von Daheim nach Daheim. Und schon hält mein Herz Ausschau nach der Frau in der Menge, die meine Tasche holen wird. Tschüß Dad und hallo Rechtsverkehr, tschüß Vauxhall und willkommen im Opel-Land. Alle Mietwagen sind schwarz-glänzend in dieser schwarz glänzenden Nacht. Im grellen Scheinwerferlicht übersieht der Junge die Kratzer auf dem Kotflügel; ich gebe ihm die Schlüssel und wir lächeln einander an.

Während dieser zwei Wochen habe ich in all den Dingen geschwelgt, die die Deutschen nicht so gut hinkriegen: Bacon, intelligente Sitcoms, Augenkontakt mit Fremden, Türen aufhalten – und Kekse. Meine Tasche klonkt mit Schokoladigem, mit Marmite und mit Ulster-Lächeln. Ich schiebe sie dem Mädchen am Ryanair Schalter zu. Vierzehn Komma sieben. Sie lächelt, und ich jogge hinüber zum Gate, als ob ich fürs morgige Heimspiel trainieren würde – Borussia Mönchengladbach. In all dem ist ein Buch verborgen; ich lehne mich an die nächste Säule und weiß: Hier wird alles wieder beginnen.

Gebet eines Fußballfreundes

oder: ›See you at the far post‹ (Wynton Rufer)

Herr,
hol mich nicht in der Saison, just wenn es spannend wird,
nicht in dem Kitzel zwischen Viertel- und Halbfinale,
wenn meine Mannschaft endlich Schwung aufnimmt,
und Münchens oder Dortmunds Tormaschinen schlapp zu machen
drohen,
oder ein völlig unbekannter Junge der neue Diego ist.

Herr,
schick mich erst in die Kabine, wenn die Tabelle steht,
wenn es im *kicker* nur um Millionentranfers geht,
das Spielfeld, satt und grün, im Sommerschlaf versunken ist,
wenn irgendwer die Pfosten und die Latten streicht
und Fußballschuhe gut gelüftet und geölt im Keller ruhen,
wenn du bei Sport nur noch an Tennis, Urlaub, Wasser denkst.

Herr,
zeig im Sommer mir die rote Karte, wenn die Erinnerung
an Liga und Pokal in Strandcafés auf Korfu sich verklärt,
wenn man sich andernorts dem Abstieg fügt und Reisekarten wälzt,
um Kaiserslautern oder Aue zu erkunden.

Herr,
sag den Jungs, sie sollen weder Turf noch Ton verschwenden, wenn
ich gehe.
Sie sollen einfach bei der nächsten Meisterschaft das Spielfeld stürmen,
und meine Asche, die sie eingeschmuggelt haben,
verstreuen zwischen Ost- und Nordtribüne, dort bei der Fahne,
von wo aus ich rechtsfüßig Ecken schlagen kann
in Ewigkeit – plus drei Minuten Nachspielzeit.

Aus dem Englischen von Elke Marion Weiß

Anhang

Vier Heimspiele

Es gibt viele Probleme, wenn man ein Buch über Fußball schreibt. Der eine liest es nicht, weil er VfB- oder Schalke-Fan ist, der andere, weil es keine »richtige« Literatur ist. Was den Fußballautor aber am meisten plagt, ist die Kurzlebigkeit des Ganzen. Das folgende Gedicht schrieb ich zu einem privaten Anlass, dem Geburtstag eines Freundes, im Jahr 1993.

Alles, was ein Fußballer braucht
oder: Sonett für einen Allrounder
Eine Mannschaftsaufstellung für Horst Rößler

Auf dem Spielfeld:
1. Die Kopfballstärke von Oliver Reck
2. Den Elfmeterzauber von Michael Kutzop
3. Die Schußtechnik von Thorsten Legat
4. Den Stammplatz von Lars Unger
5. Die Größe von Thomas Hässler
6. Die Zärtlichkeit von Uli Borowka
7. Die Trinkfestigkeit von George Best.
8. Die Haare von Bobby Charlton
9. Den Bauch von Erwin Kostedde
10. Den Rasierapparat von Uwe Harttgen und
11. Die Augenbrauen von Siggi Held

Auf der Bank:
12. Das Sitzfleisch von Kalle del Haye
13. Die Beine von Gerd Müller und
14. Den Blick von Ivanauskas.[1]

---

1 Später veröffentlicht in Dragowski/Knauf/Watson, *Alive and Kicking: Fußball zwischen Deutschland und England.* Berlin: Argument Verlag 1995.

Abgesehen davon, dass man Schusstechnik nicht mehr mit »ß« schreibst, was dem Text einen urigen Touch verleiht, muss man sich fragen, wie viel davon heutzutage ein Fußballinteressierter unter fünfzig verstehen würde. (Selbst ich musste Lars Unger recherchieren, obwohl er – allerdings mit null Einsätzen – nicht nur Landesmeister und Pokalsieger wurde, sondern sogar 1992 im Werder-Kader beim Europapokal der Pokalsieger stand.) Der 1987 verschossene Elfmeter des unglücklichen Kutzop oder George Bests Alkoholprobleme (der arme Kerl lebte noch) sind vielleicht noch vertraut, so wie bei den Älteren Bobby Charltons »comb-over«-Frisur, die seine kahlen Stellen verbergen sollte. Olli Recks unglückliches Eigentor, als der Ball von der Latte auf seinen Hinterkopf prallte und ins Tor flog, ist noch Teil der Werder-Chronik, Thorsten Legat aber ist heute nur noch als muskelprotziger Dschungelcamp-Teilnehmer bekannt (auch wenn er im Gegensatz zu Unger 1992 im Europapokalfinale tatsächlich mitspielte). Der Widmungsträger des Gedichts selber, als HSV-Fan, mag als HSV-Fan behaupten, der Blick von Ivanauskas sei unvergesslich – aber wer sonst außer ihm? Dr. Uwe Harttgen ist inzwischen grauhaarig und bebrillt, jedoch immer noch rasierbedürftig, aber wer wüsste das ohne Google?

So weit die Kurzlebigkeit des Fußballs. Andererseits steht bei allen Fans die Erinnerung immer hoch im Kurs. »Weißt du noch?« gehört zu den am Fußballstammtisch am meisten gestellten Fragen. Da werden Spielernamen auf den Tisch geblättert wie früher Sammelbilder im Schulhof. So würde mancher Leser bei der Betrachtung der obigen Mannschaftsaufstellung sagen: *Harttgen – Guter Mann; echter Bremer Junge; spielt noch in der Traditionself von Werder; schoss erst vor zwei Jahren ein schönes Tor im Benefizspiel für das Rote Kreuz.* Manche würden noch wissen, dass Lars Unger auch mitgespielt und ein Tor gemacht hat.

Andere wiederum sind in der Lage, nicht nur Ergebnisse und Mannschaftsaufstellungen, sondern auch Spielabläufe bei EMs und WMs aufzusagen. Zu dieser Kategorie gehöre ich nicht. Oft vergesse ich, wer der vorletzte Heimspielgegner war, obwohl ich dabei war, obwohl ich zwei Stunden bei plus zwei Grad im Stadion saß. Zur Recherche für dieses Buch musste ich öfter auf Online-Datenbanken zugreifen: *Hat nicht der Freddie Ljungberg eine rote Karte gegen*

Deutschland geholt, als wir alle dort im Hamburger Supermarkt saßen? Nein, es war Lucic, gelb-rot. Hmm … Aber trotzdem sind meine Erinnerungen gültig.

Auch in den Köpfen junger Fans leben die Legenden, wie 2013 beim Abschiedsspiel von Torsten Frings deutlich wurde: Als nämlich die älteren kickenden Herren einzeln vorgestellt wurden. Die Ostkurve reagierte immer richtig auf den entsprechenden Vornamen – auch fünfsilbige Zungenbrecher wie Salihamidžić. Wenn »Wir« der zwölfte Mann sind, wie bei den Werder-Heimspielen immer wieder betont wird, dann trägt der Allrounder namens »Nostalgie« die Nummer 13. Fußball war schon immer »früher« besser, irgendwie eleganter, authentischer, von echten Typen gespielt und viel weniger vom Geld bestimmt. Diesen Satz höre ich seit meiner Kindheit, seitdem der walisische Stürmer John Charles 1957 von Leeds United zu Juventus, dann 1962 zu AS Rom für damals horrende Summen wechselte, für die man heutzutage höchstens einen Gebrauchtwagen kaufen könnte. Mein ganzes Leben lang geht der Fußball bergab; ja, früher war auch die Nostalgie besser. Kaum ein Leser dieses Buches wird etwas über John Charles wissen, aber bei allen Fans, auch bei den jüngeren, leuchten die Augen bei der bloßen Erwähnung von gewissen Namen. Versuchen Sie es in Ihrer Stammkneipe oder an der Bushaltestelle. Sagen Sie zum Fünfzehnjährigen neben Ihnen einfach: »*Diego*: Was fällt dir dazu ein?«

Die folgenden Texte wurden für die Lokalausgabe der Tageszeitung *taz* geschrieben und sollten Eintagsfliegen sein. Sie waren gut versteckt im Rechner, aber als ich sie ausgrub, kamen sofort die Erinnerungen hoch: Ailton; schwarz-grün gestreifte Trikots; Raphael Wicky; und wer kennt noch heute Michael Rummenige?

Am Erschreckendsten im Rückblick sind die Fehleinschätzungen des damaligen Autors, der ich war bzw. bin, die geradezu nach Korrekturen in Form von Updates schrien. Da sind nicht nur die Fehlprognosen für die Karrieren von Christian Brand und Razundara Tjikuzu, sondern auch die flapsig-tazigen, abfälligen Bemerkungen über zwei Spieler, die später zu meinen Lieblingen, zu meinen *all-time heroes*, zählten. Einer ist Marco Bode, der 1999 offensichtlich eine Schwächeperiode durchmachte. Er war bekanntlich inzwischen nicht nur – nach vierzig Länderspielen – bis vor kurzem – noch – Rekordtorschütze des Vereins mit 101 Treffern (vor Völler, Neubarth, Ailton und Pizarro), sondern auch seit 2014 starker und sympathischer Vorsitzender des Aufsichtsrates von Werder. Allerdings galt er am Anfang seiner Werder-Zeit als Chancentod. Ja, und dann Torsten Frings, den ich in einem Betrag als »das ewige Talent von morgen« beleidigte. Ich bitte ihn in meinem Kommentar um Vergebung.

Fußball-Nerds werden auf den folgenden Seiten hoffentlich genug Stoff für mehrere Stammtisch-Sitzungen finden.

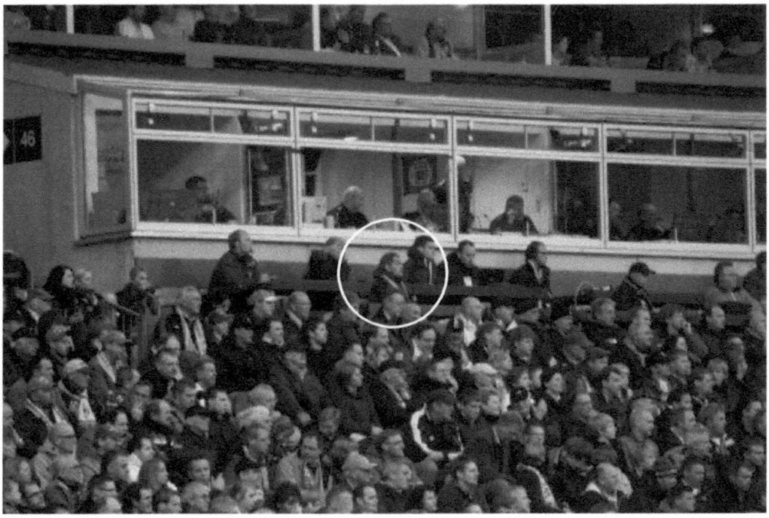

Der Autor sitzt am 13. November 2010 auf der Pressetribüne des Weser-Stadions als Einziger mit Werderschal, Papier und Stift, aber ohne Laptop. Anlass war die Teilnahme am Projekt »35. Spieltag«, bei dem ein Schriftsteller und ein bildender Künstler aus einem Heimspiel ein gemeinsames Kunstwerk entwickeln sollten. Daraus ist beim Spiel gegen Eintrach Frankfurt (12. Spieltag) ein zweisprachiges Comic geworden, das als Broschüre, aber auch als Leporello verkauft wurde. Das Foto stammt von meinem Künstler-Partner Jens Martin Müller (alias K. Noedel), der unten neben dem Tor stand.

Theatre of Dreams

Werder schlägt den FC dreiundhalb–null und wirft dabei einem Dichter literarische und andere Probleme auf (FC Köln, 20. April 1998)

Mein Freund Horst, HSV-Fan, versteht es nicht. »Werder–Köln. So wie die spielen, dürften eigentlich nur 9.997 Zuschauer da sein.« Heute sind es 35.000; und da ist der berühmte übergesprungene Funke, von dem der Bruno Labbadia schwärmt.

Ganz so einfach ist es heutzutage für den Lyriker im Stadion nicht, denn wenig reimt sich. Ich habe schon Gedichte für Didi Beiersdorfer und Kiwi Rufer geschrieben; aber Frey und Wiedener sind eine unverdauliche Muse. Auch der in der Schweiz weltberühmte Raphael Wicky, begnadeter Fußballer der er ist, küsst bei mir keine Lyrik wach. Und die Kölner? Toni Polster, fußballerisch vielleicht der beste Mann auf dem Platz, wird von Jens Todt in Einzelhaft genommen und zum Saurier. Munteanu – fleißige prosaische Langeweile. Azizi ist unwesentlich besser – vielleicht dribbelnder Knittelvers.

Hier im »Theatre of Dreams« steht sowieso das dramatische eher im Vordergrund, und den tragischen Helden spielt zu oft der Christian Brandt. Mal als Hamlet inszeniert – die Unentschlossenheit in Person – darf er heute gegen Köln in der Rolle Heinrich des Fünften auftreten. Die ersten 20 Minuten und das zentrale Mittelfeld gehören ihm; er waltet, schaltet, kreist und glänzt. Dann aber ist es in der 55. Minute so weit. Sidka, wie ein sturer Vater am Rande des abendlichen Spielplatzes, holt ihn zum Schlafen nach Hause. Mit Brand gehen nicht nur die ganze Dynamik und die ästhetischen Elemente aus der Partie; schlimmer noch, ihm und uns wieder mal vor Augen geführt, dass Christians Rolle eher die des Ersatzes bleibt, wenn der Star heiser ist. Und das Ganze wird noch nicht mal bestraft. Frey schießt das entscheidende Tor (vergiss den Torwartfehler), und wieder hat ein Trainer »eine glückliche Hand« gezeigt.

Håvard Flos Rolle auf den Brettern ist eine viel ältere. Er ist der menschliche Widerspruch schlechthin; er ist der Jedermann im Mysterienspiel. Manchmal kann er so wie gegen Köln in der Anfangsphase spielen – er legt mal Labbadia, mal Kunz den Ball feinfühligst genau vor, mit der Pike, mit der Hacke.

Nach der Pause spielt er sogar ganz lässig den Netzer-Part an der Mittellinie, verteilt statisch die Bälle. Dann spielt er wieder wie Du und ich: verstolpert sich, läuft ständig ins Abseits, steht vor dem völlig freien aber sich rasch verkleinernden Tor und spitzelt das Ding daneben. Wie kann ein norwegischer Nationalspieler und Torschützenkönig, der auch in der Bundesliga Tore schießen kann, manchmal spielen, als habe er vergessen, die Langlaufskier abzuschnallen? Kann er wirklich ein Fußballgott werden, oder bleibt er bloß gebeutelt von den Fußballgöttern, die ihm auch noch kurz vor Spielende den Holger Gaißmayer als Mahnbeispiel auftischen?

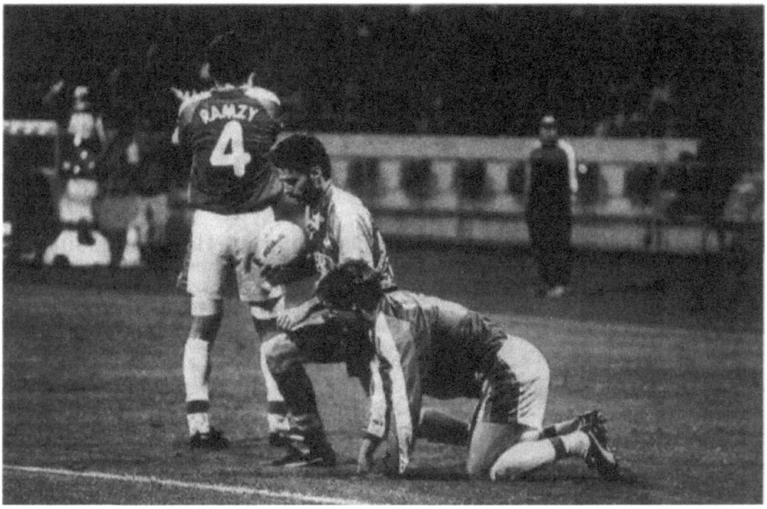

taz Bremen, 24.4.1998 (Foto: Nikolai Wolff/Fotoetage)

Aber es scheint wirklich aufwärts zu gehen. Ramzy präsentiert sich endlich wieder als Spieler von internationalem Format. Eilts und Trares hauen ihren jeweiligen Degen. Kunz, Frings und Wicky gewinnen an Erfahrung und Geschicklichkeit. Dynamo Maximov wird zum

Herzog-Partner aufgebaut. Schon jetzt wächst die Vorfreude auf die nächste Saison.

Damit dem Publikum des »Theatre of Dreams« der Spaß an der Kunstform Fußball erhalten bleibt, damit das Nicht-Vorhersehbare, das im heutigen stromlinienförmigen Fußball mehr denn je für Erfolg sorgt, nicht ganz verschwindet, muss um Christian Brand gekämpft werden. Wenn er nur als Platzhalter in den Kulissen warten darf, wird er schnell woanders sein. So wie Manchester United Ryan Giggs trotz seiner Fehlpässe, seiner Launen und seiner Anfälligkeit zum europäischen Star geformt hat, braucht der Sidka mit Brand einen längeren Atem und der Christian eine längere Leine. Er braucht Freiheiten auf der linken Seite (wenn schon im zentralen Bereich neben Herzog und Maximov für ihn kein Platz ist) und einen hinter ihm, der ihm die Fehler ausbügelt. Nur er wäre der würdige Kandidat für mein nächstes Fußballgedicht. Er wäre ein Sonett wert, aber nur wenn er zu den ersten elf Zeilen gehört und nicht zu den dreien auf der Bank. Nichts reimt sich auf *achtundzwanzig*, aber viel auf *zehn*.

Update: Fragen Sie in die Fußballstammtischrunde: »Wer kennt noch Håvard Flo?« Ob er immer noch er »wie Du und ich« spielt?

Ein Lody Roembiak und viel Frust

Werder verliert gegen den Club und weckt in der Nordgerade Erinnerungen an die schlechte alte Zeit (1. FC Nürnberg, 24. August 1998)

Der Fußball kommt nach Haus. Das Kribbeln im Bauch der letzten Tage, das der fieberhaften Lektüre sonst verpönter Sportzeitungen im Frankreichurlaub folgte, hat ein Ende. Die Ostkurve platzt und ist gut in Stimme. Nur in Block 8 beim Bildungsbürgertum sind die Reihen noch gelichtet. Sind wirklich um die 10.000 Bremer noch im Urlaub, oder kriegen wir in den nächsten Monaten – wie zu oft in der letzten Saison – Dutzende von hämischen auswärtigen Fans auf diesen Plätzen direkt vor die Nase gesetzt? Muss das sein, Willi, wenn wir im Jahr so viel für die Dauerkarte ausgeben? Ost tobt, Nord nörgelt: die üblichen Prämissen also für einen genüsslichen Erfolgsabend. Wir hätten es doch früher ahnen müssen, als sogar Marco Bode in den ersten vier Minuten dreimal Scheiße baute. Aber wir wollten es nicht wahr haben und ließen uns einlullen, bis uns der Gegner – Pavel Kuka und zehn Zweitligisten – in der 19. Minute zeigte, dass man die viel gepriesene optische Überlegenheit eigentlich in die Pfeife stecken kann.

Der Vorteil des Freitagsspiels ist, dass man die Berichterstattung überschlafen kann; so entgeht man dem emotionalen Versuch, unüberlegte, wütende Gehässigkeiten über die Tastatur gleiten zu lassen. Am kühlen, ausgeschlafenen nächsten Morgen fallen einem nämlich viel überlegtere Gehässigkeiten ein. Håvard Flo, zum Beispiel: Der Gott, der es uns so leicht macht, Fußballatheist zu sein. Oder Torsten Frings: das ewige Talent von morgen.

Es war ein bekanntes Muster, ein Spiel von drei Halbzeiten: eine hübsche erste Halbzeit; dann 30 Minuten Grausamkeit gefolgt von einer Endphase der Verzweiflungstaten, in der unter anderem Frank Rost, der sonst den Dingens vergessen ließ, sich genötigt sah, den Part des »Wannabe«-Libero zu spielen. Bloß bei Schmeichel und Lehmann ist einem irgendwie weniger mulmig im Bauch ...

In der Halbzeit herrschte in Block 8 Ärger und Erstaunen, dass diese Gastmannschaft so frei in der Werder-Hälfte herumlaufen und solche Tore so leicht schießen durfte. Sonst war der Höhepunkt der Pause die Tatsache, dass das Männerklo in der Nordgerade zugeschlossen war. So pinkelten wir in Scharen gegen den Zaun Richtung Osterdeich, und alle versuchten vergebens einen Streifenwagen zu treffen, der zu weit weg geparkt war. Sind wir in Bremen nun inzwischen wirklich so leicht zufrieden zu stellen? Gleich kam es aber noch schlimmer. Bezeichnend war ein Freistoß am Dreieck Torlinie/Strafraum (48.), der an allen außer an einem Ordnerhund vorbeisegelte, der als einziger in dieser Phase Biss zeigte. Ja, das sind die bekannten Werder-Spielphasen, wo nur die eigene angestaute Aggression dich vor der Langeweile schützt. Eine Peinlichkeit jagte die nächste: Konfusion bei der Auswechslung; Todts rote Karte; genug Kerzen auf beiden Seiten für den ganzen Weihnachtsmarkt.

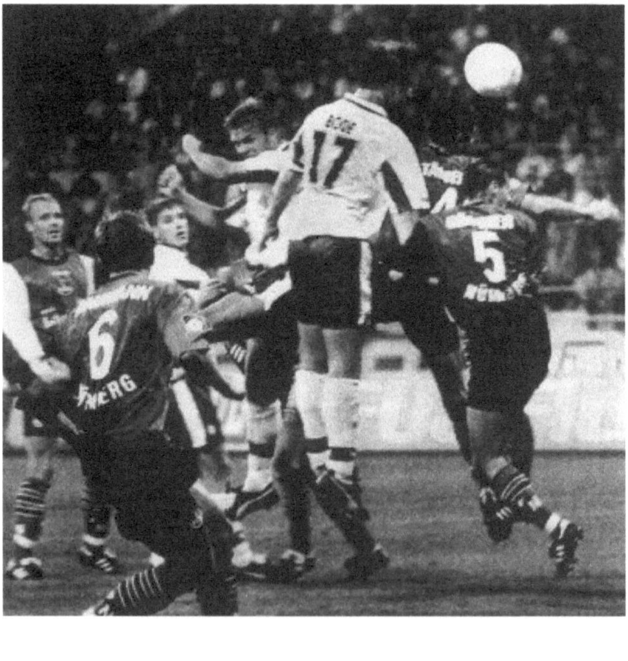

taz Bremen, 24.8.1998 (Foto: Nikolai Wolff/Fotoetage)

Im Zeitalter der wieder entdeckten Schlaghose müssen die älteren Zuschauer nostalgische Erinnerungen an die magerköstlichen 70er Jahre gehabt haben, wo wir solche Spiele reihenweise sahen. Kellerderby pur, der sechzehnte gegen den siebzehnten, SV Hühnerhaufen gegen FC Gurkentruppe. Traben oder kopfloses Herumrennen, Seitwärtsgeschiebe, Rückpässe.

Aber der eine große Lichtblick ist Lody Roembiak. Am besten wäre es, das Spiel und dessen sonstige Berichterstattung gänzlich zu vergessen und nur eine Lobeshymne auf diesen wunderbaren Mann zu schreiben. *The man is magic*: Überblick, Spielwitz, Ballsicherheit, Dynamik, Blick für den Mitspieler. Die Flanke zum 2–1 und ein steiler Pass auf Frings verschlugen uns den Atem. An ihm werden wir wahrlich unsere Freude haben – auch wenn er uns streckenweise leid tat. »Wo bin ich bloß jetzt gelandet?«, wird er sich gewiss öfter gefragt haben. Der andere Neuling hat aus anderen Gründen leid getan. Am besten schweigen wir noch, denn der Leistungsträger von Gütersloh (welch ein Prädikat), der nämlich kaum Ballkontakte hatte, wird sich in den nächsten Wochen sicherlich machen. Daumen drücken.

Es gab aber auch andere – wenn schwächere – Lichtblicke: Dieter Eilts, der wieder wie ein Kapitän spielte, auch wenn er keiner mehr ist. Seine Reaktion, als er glaubte, Roembiak sollte ausgewechselt werden, war toll; er tobte und schrie wie ein Berserker in Richtung Bank – ganz der mündige Spielertyp, den alle verlangen. Und dann war die Tatsache, dass gegenüber der letzten Saison Dieter Frey wirklich an Geschwindigkeit gewonnen hat – auch wenn er in der zweiten Halbzeit merklich abbaute. Ja – und Rost, trotz der Gegentore.

Die Situation ist längst stammtischwiedergekäut: Werder hat niemand, der Tore schießen kann; und dann das Lazarett. Aber Ausreden helfen nichts. Die traurige Tatsache ist, dass wenn die Mannschaft in dieser Form bleibt, ist sie ein klarer Abstiegskandidat. Nürnberg übrigens auch.

Update: Oh je, hoffentlich wird Torsten Frings – inzwischen mit achtzig Länderspielen, zwei als Mannschaftskapitän; Vereinslegende und Assistenztrainer bei Werder – nicht verletzt sein, falls er das hier liest. Sorry, Lutscher, ich habe dich so lieb, auch wenn du manchmal nörgelst.

No guru, no method, no goals

Werder spielt wieder zu Hause zu null und lässt den Zauber vermissen (HSV, 15. April 1999)

Wie der Coventry City Trainer John Sillett einst tiefsinnig sagte: »Es gibt Null-zu-Null-Unentschieden und es gibt Null-zu-Null-Unentschieden. Und das hier war ein Null-zu-Null-Unentschieden.« Zum dritten Mal hintereinander: der hanseatische Hattrick. Alles in allem war das Spiel besser als das Ergebnis, das – über 90 Minuten gesehen – nicht nur die Kräfteverhältnisse am Abend und die sehr guten Leistungen beider Torhüter, aber auch den gegenwärtigen Zustand beider Mannschaften ausdrückte. Das Schlüsselwort, das wiederum durch die Berichterstattungen gehen wird, ist »Kompakt« – überhaupt das Buzz Word der Saison. Es hat mit Konsequenz, Konzentration und Stellungsspiel in der Defensive zu tun. Und das zeigten beide Mannschaften, vor allem auf Bremer Seite Sven Benken, der sich langsam zum Stammleistungsträger mausert. Er hatte gegen Yeboah zu tun, der nach all den Jahren immer noch eine Augenweide ist: So schwer vom Ball zu trennen, überraschend schnell und immer beweglich, nicht nur körperlich, sondern auch geistig quirlig – eine wunderschöne Fusion von Ästhetik und Spielwitz. Um so größer dann das Lob an den Bremer Manndecker, der den Ghanaer zur Verzweiflung brachte und trotzdem in der Lage war »für den Spielaufbau etwas zu leisten«, um gleich mit dem anderen großen Klischee der örtlichen Presse zu hausieren. Quirlig waren auf der anderen Seite Bogdanovic, der rotierte und Schönes mit dem Ball machte, aber sich im entscheidenden Abschlussmoment nicht durchsetzte, und Frings, der für viel Unruhe sorgte – aber gelegentlich leider auch für die Zuschauer, weil er (wie auch Wojtala) ständig stolperte und ausrutschte. Sein Torschuß in der 53. Minute war ein Höhepunkt, so wie der torgefährliche Freistoß von Trares, der sonst durch viel Kraft und Einsatz und trotz eines blöden Fouls an Doll gefallen konnte. Wicky gewinnt wieder Zweikämpfe und kurbelt das Spiel an – nicht mit der pomadigen Leistung gegen Rostock zu vergleichen.

Öfter unelegant hingefallen ist auch der junge Dabrowski, schon wieder ein vielversprechendes Talent, das sorgfältig an die Bundesliga herangeführt werden sollte. In der zweiten Halbzeit hatte er zwar einen richtigen Durchhänger, so dass manche seine Auswechselung erwartet haben, aber er hat sich gut berappelt. Wir werden unseren Spaß an ihm haben; er hat Ideen und könnte mit Herzog und Eilts zusammen zu einem interessanten Dreieck werden. Ich würde den Jungen gern mehr loben, aber nachdem ich letztes Jahr in dieser Kolumne eine Lanze für Christian Brandt gebrochen habe, der nun angeblich nicht ins Konzept passt und verkauft werden soll, wage ich nicht, einen richtigen Lobgesang auf Dabrowski anzustimmen. Er kann ein ganz großer werden, aber er muss konditionell und psychisch behütet werden, sowohl vom Trainer, der ihn nicht unbedingt neunzig Minuten in der schnellen Bundesliga quälen muss (auch wenn es dieses Mal gut ging); aber vor allem vom zu kritischen Bremer Publikum, vor dem es sicher wenig Spaß macht, Fußball zu spielen. Auch wenn man viel Eintrittsgeld ausgibt, für das man hart malochen musste, muss man mehr Geduld mit seiner Mannschaft haben. An der Weser gilt die allgemeine Regel: Wer am meisten verdient, darf am meisten meckern.

Kompakt stand auch die Gruppe der mitgereisten HSV-Fans, die Schulter an Schulter und rosaraketenbeleuchtet ihre Mannschaft vorbildlich unterstützten. Von der Pressetribüne an der Mittellinie aus gehört, haben sie weitgehend mehr Dezibel produziert als die östlich-örtlichen. Dies kann aber nicht nur eine Frage der Bremer Bescheidenheit in der Kurve sein, wo die Jungs, die am wenigsten verdienen, sich immer redlich bemühen, sondern eher die Folge einer unglücklichen Stadionakustik, die es den Gastfans erlaubt, ihre Präsenz der Spielatmosphäre aufzudrücken. (Übrigens können die Gäste das Spiel weitgehend besser sehen und verfolgen als die Einheimischen, die flach und zweidimensional hinter dem Tartan-Halbkreis stehen.)

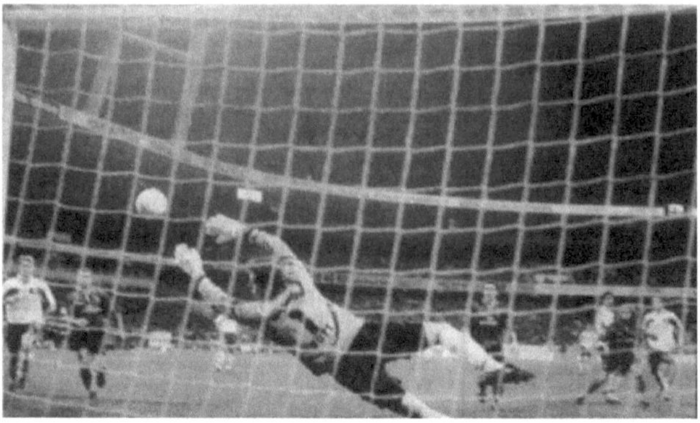

taz Bremen, 14.4.1999 (Foto: Nikolai Wolff/Fotoetage)

Gefragt nach Mängeln bei Werder, wirft der Stammtisch öfter den Begriff »Inspiration« auf. Ideen fehlen wirklich; die meisten munteren Aktiönchen sind zu durchsichtig (wenn auch nicht immer so ausgeprägt wie heute abend mit dem als Manndecker sonst so guten Wiedener in der unglücklichen Rolle des Flügelflitzers). Trotz der großen Dynamik, die von Eilts und Trares ausgeht, haben wir niemanden neben Herzog (außer Brandt und dem verletzten Roembiak), der einen Funken Geistesblitz auslösen könnte. Aus dem englischen Kontext kommend, verbinde ich das Wort *magic* mit Keegan, Beckham oder Shearer. Magath als Magier zu bezeichnen, ist fahrlässig inflationär. In Sachen Ausstrahlung hat der Bremer Coach wahrlich mehr mit Claudia Schiffer als mit David Copperfield zu tun. Man kann nur hoffen, dass seine Mannschaftssitzungen und Halbzeitpredigten inspirierender sind als die Pressekonferenz. Es fehlte nur der klassische Satz: »Ich bin mit dem Null-Null zufrieden – es hätte auch umgekehrt ausgehen können.«

Update: Noch mal: Fragen Sie jetzt in die Runde: »Wer kennt noch Sven Benken?« Finden werden sie ihn trotzdem bei Wikipedia – letzter Verein: Blau-Gelb Laubsdorf. Der vielversprechende Christoph Dabrowski ist Vereinslegende in gleich drei Bundesligastädten geworden: Bielefeld, Hannover und Bochum. Geboren Krzysztof Dąbrowski in Katowice, durfte Dabrowski nicht für die polnische Nationalmannschaft spielen, da er für die deutsche U 21 etliche Spiele absolviert hatte. Er war bis Ende der Saison 2015/16 Co-Trainer bei Hannover 96.

Warum Tjikuzu nicht gelobt werden darf

Werder gewinnt gegen den HSV und Pagelsdorf muss sein Hütchen nehmen (28. November 1999)

Hohes Tempo in einem Spiel, das zwar viele Fehlpässe und Abspielfehler aufweisen konnte, mit denen man aber viel weniger kritisch umgeht, wenn man erkennt, dass sie durch konsequenten Druck des Gegners entstanden sind. Denn beide Seiten zeigten Pressing und vorbildliches Zweikampfverhalten; abgesehen von einer Kerze durch Herzog in den ersten Minuten war nämlich vom Geist des Advents nichts zu spüren. Adrenalin, Ailton und Abseits; hohe Geschwindigkeit mit gelegentlich überhasteten Aktionen. Es gab erfreulicherweise keine Auszeiten (außer Ailtons wiederholten Perioden im Abseits, natürlich) wie letztens gegen Frankfurt, keine Langeweile. Auch beim 0–0 Pausenstand kein Grund zum Ärger, denn von der ersten Minute an lag ein Tor in der Luft; Frage war nur: auf welcher Seite? Und überall der Frings, der Bremer mit den meisten Ballkontakten: hinten mit Fallrückzieher klärend, von links und rechts flankend, 5 Torschussvorlagen, darunter 2 Freistöße, die fast zu Toren wurden – und dann der begnadete Pass zum 2–0 (81.). Kaum ein Bremer darf unerwähnt bleiben: Baumann, der von Spiel zu Spiel reift; Wojtala, wieder da, der Yeboah endgültig ausschaltete; Rost, der nicht nur gut hielt, sondern durch kluge Abwürfe auffiel; Eilts, der wieder einen eigenen Fehler durch engagiertes Zurücklaufen wiedergutmachen konnte; Maximov, heute abend der stille aber eigentliche Spielmacher, dieses Mal mit weniger Abspielfehlern und entscheidender Ballverteilung.

Außer dem offensichtlich müden Cesar und dem im Durchhänger befindlichen Pizarro gab es nur zwei kleinere Enttäuschungen. Bei Marco Bode hatte man manchmal den Eindruck, er würde, so wie der Angetrunkene hinter uns es formulierte, heute nur vom Nationalspielerbonus speisen. Bis zur 60. Minute abgemeldet, beinahe abgeschrieben, machte er dann das Tor und blieb doch im Plus. Und der Applaus bei Herzogs Auswechslung (Schaaf: »Er war kaputt.«) schien hingegen einen Hauch von Nostalgie und Solidarität an sich zu haben. Denn gut hat er wirklich nicht gespielt. Zwei gute Aktionen in der zweiten Halbzeit, sonst Fehlpässe, Fahrlässigkeit und das langsam auf die Nerven gehende Granteln. Selbst seine Einwürfe schienen nicht anzukommen. Er hat sich geschickt das Image des Ärmelhochkremplers und Warmduscherschrecks zugelegt, aber von der Leistung her muss er sich wirklich selbst an der Nase fassen und nicht immer andere (suggestiv unter dem »wir« versteckt) wegen mangelnder Einstellung anprangern.

Und der Gegner? Bissig und aggressiv präsentierte sich der HSV in der ersten Halbzeit: die positive Seite dieser Eigenschaften ließ sich vor allem erkennen bei Cardoso (mit 91 Ballkontakten der aktivste Aktive des Abends und mit einem wunderbaren Lupfer, den Rost in der 35. Minute zur Ecke retten musste), Fischer, der sich an den Rand der eigenen und des Gegners Gesundheit spielte, Kovac und Hertzsch. Während auf der Pressekonferenz Pagelsdorf Yeboahs Pfostenschuss (38.), der nach brillantem Solo die Führung hätte bringen müssen (Prädikat: meine Oma hätte den 'reingemacht), sah ich eher die Verletzung und Auswechslung von Andreas Fischer, Hamburgs Andree Wiedener, als den eigentlichen Anfang vom Ende für den HSV kurz vor der Pause. Von Biss und Aggression her fiel Roy Präger äußerst negativ auf. Galle spuckend randalierte er durch die erste Hälfte, lieferte Rededuelle irgendwelcher Art mit Raschi Tjikuzu, auf den von sowohl Schaaf als auch Kamp eingeredet werden musste, dass er sich nicht provozieren lassen sollte (20.). Eine unangenehme Erscheinung insgesamt, denn was in der Wolfsburger Frische noch als sympathische Underdog-Frechheit durchging, verwandelt sich offensichtlich in Überheblichkeit um. Man hatte den Eindruck, bei ihm liegen die Nerven blank. Vielleicht auch kein Zufall, dass Präger an der Szene beteiligt war, wo Pagelsdorf das Kunststück brachte, das Hütchen, das die DFB-Bürohengste als Abgrenzung für nötig halten, aufs Spielfeld förderte. Der Hamburger Trainer, der manchmal als unterkühlter, Emotionen unterdrückender Gegenpart zum Lorant zitiert wird, wurde nach seinem Vulkanausbruch auf die Tribüne verbannt. Entgegen der Selbstinszenierung des Löwen-Trainers erschien diese Aktion genauso sympathisch wie Pagelsdorfs Behauptung nachher, er habe das Hütchen nur ein paar Zentimeter schleudern wollen und wüßte nicht, er habe so viel Kraft in den Beinen. Genau so sympathisch wie realistisch seine Einschätzung des Spiels, in dem er bewusst auf Risiko gegangen sei: Trotz der attraktiven offensichtlichen Ausrichtung fehlte dem HSV vor dem Bremer Tor der letzte kreative Touch.

Das letzte Wort erhält aber Razundara Tjikuzu. Überhaupt Tjikuzu. Jetzt ist aber größte Vorsicht angesagt. Denn in diesen Zeilen habe ich in der Vergangenheit auf zwei Werderaner Lobeshymnen gesungen, die sich als Todeskuss erwiesen haben. Der eine, Lody Roembiak, scheint im Moment weg vom Fenster zu sein; der andere, Christian Brand, für den ich vor drei Jahren die Rückennummer 10 statt 28 verlangt habe, wurde weggeekelt und zieht jetzt die Fäden in Rostock. Also lasse ich am besten unerwähnt, dass der Junge, der jetzt Brands Nummer übernommen hat, an beiden Flügeln brillierte, mehrere Gegner schwindelig spielte und mit Eilts und Baumann Doppelpass spielte. Ich lasse zum Schluß nur den Namen genüsslich aber kommentarlos über die Zunge rollen: Tjikuzu.

Update: Es hat alles nichts genützt, denn leider ist diese Geschichte unglücklich ausgegangen: Nicht nur wurde Raschi Tjikuzu 2003 wegen wiederholter »Eskapaden« nach Rostock verkauft, sondern auch da ist er im Februar 2005 aus demselben Grund fristlos entlassen worden. Wie ein Phönix aus der Asche durfte er dann nur kurzfristig mit dem MSV Duisburg im doppelten Sinne wieder aufsteigen. Aber danach ging es für fünf Jahre in die türkische Provinz. In einem Interview mit dem *Kicker* vom 20. Oktober 2015 (»Thomas Schaaf war alles für mich«) redete der inzwischen 35-jährige Außenverteidiger, später Mittelfeldspieler, der mit 15 Afrika verlassen hat, um ins Werder-Internat zu gehen, über seine Fehler und deren Folgen für seine Karriere. Nun sei er zufrieden als Spieler und Jugendtrainer in Windhoek.

Nachspielzeit

Last but not least[1] muss erwähnt werden, dass das Leben eines Fußballkranken so voller Erinnerungen ist, dass keine seriöse Autobiografie in der Lage ist, sie für die Nachwelt gänzlich festzuhalten. Vieles, was ich noch gut in Erinnerung habe, habe ich nicht schriftlich fixiert: Wie wir außerhalb von Upton Park in West Ham von Leeds United Skinheads verfolgt wurden. Wie ich bei einem unserer ersten gemeinsamen Werder-Spiele meine zukünftige Ex-Ehefrau aus Versehen fast KO schlug, als Werder gegen Bayern 1–0 in Führung ging. (Wie kann man ohne Scham darüber schreiben?) Die vielen schönen Abschiede, von Pico Schütz und Per Roentved über Paul Stalteri bis Tim Borowski und Sebastian Prödl. Oder der Abend des ersten »Wunders an der Weser« – am 4. November 1987: 6–2 für Werder gegen Spartak Moskau im UEFA-Pokal, nachdem die Bremer das Hinspiel in Moskau 4–1 verloren hatten. Wer kann sich heute noch vorstellen, dass es an der Nordgeraden nicht nur die Tartanbahn, sondern auch Stehplätze gab? Das spektakuläre Abschiedsspiel von Torsten Frings, wo Dutzende von Alt-Profis die Jahrzehnte in Zeitlupentempo vorbei streichen ließen. (Ach, wie schön, nach zehn Jahren wieder »Yalla yalla yalla, Üüümit Davala« hören und brüllen zu dürfen. Danke, Lutscher.) Und dann war noch der Nachmittag, an dem Andree Wiedener fast an seiner Zunge erstickte und Bernhard Trares vor uns auf die Knie fiel und sich bekreuzigte. Um diesem bleiernen Schweigen gerecht zu werden, hatte ich einfach keine passenden Worte.

---

1 Sagte ich doch schon: Bitte ein »but«.

Auslaufen

Ein Dank geht an die Leute, die mir beim Verfassen dieses Texts sehr behilflich waren: an meine deutsche *first reader* Elke Marion Weiß (früher FV Wildbad, jetzt Werder), Diethelm Knauf (Eff Zeh, aber bei Werder angeheiratet), sowie meine Frau Susanne Watson (ehemals Sportfreunde Höhr-Grenzhausen, inzwischen 100% grün-weiß). Mit Rat und Tat über die Jahre griffen mir unter die Arme: Michael Augustin (SVW, wer denn sonst? ja, vielleicht auch noch der VfB Lübeck), Klaus Johannes Thies (Arminia Bielefeld), Walter Langlott (vorübergehend AS Roma, aber immer SVW), Roy Kift (Borussia Dortmund), sowie zweieinhalb HSV-Fans, nämlich mein Dichterkollege Terry McDonagh und mein Mitbewohner Horst Rößler; und Simon Makhali, ein Bremer Junge, der erst HSV-Fan war, aber mit 10 Jahren endlich das Saulus-Paulus-Damaskus-Ding durchgezogen hat. Einen schönen Dank auch an Jochen Grabler (sehr Werder, buten un binnen), der damals die *taz*-Artikel verantwortete, an Christophe Fricker (zurzeit Bristol City und/oder Rovers), der mich 2012 überredete, mit ihm den EM Blog *liniendichter* zu machen; an Bodo Arnold, Ernst Zachow, Jochen Kamien und Klaus Kühn, die Samstag für Samstag mit mir staunen und stöhnen, lachen und weinen müssen; und nicht zuletzt an Richard Alexander (Leicester City), der mich einmal in der Mittagspause in einem früheren Leben fragte, »Wollen wir nicht regelmäßig zu Werder gehen?«

Natürlich auch einen herzlichen Dank an die Edition Falkenberg, die bereit war, sich dieser Notizen eines Grün-Weißen anzunehmen.

Bildnachweis:
S. 29, 42, 59: gemeinfrei;
S. 72: www.werderfans-gegen-rassismus.de / fußball-gegen-nazis.de;
S. 87, 125: Michael Augustin;
S. 120: Weser-Kurier vom 2.7.1996, Foto: H.-H. Hasselberg;
S. 131: Weser-Kurier vom 29.4.1999, Foto: H.-H. Hasselberg;
S. 138: Simon Makhali;
S. 167: Jens Martin Müller;
S. 169, 172, 176: Nikolai Wolff/Fotoetage.

Alle übrigen Abbildungen stammen aus dem Archiv des Autors.

In einigen, wenigen Fällen konnten die Bildquellen nicht ermittelt werden; ggf. wird um Nachricht an den Verlag oder den Autor gebeten.

Abbildung auf dem Umschlag:
© fotolia / alswart

1. Auflage 2016

Bgm.-Spitta-Allee 31, 38329 Bremen

produktsicherheit@edition-falkenberg.de

ISBN 978-3-95494-097-4
www.edition-falkenberg.de

Sie lesen gern?
Dann empfehlen wir diese Titel aus unserem Programm

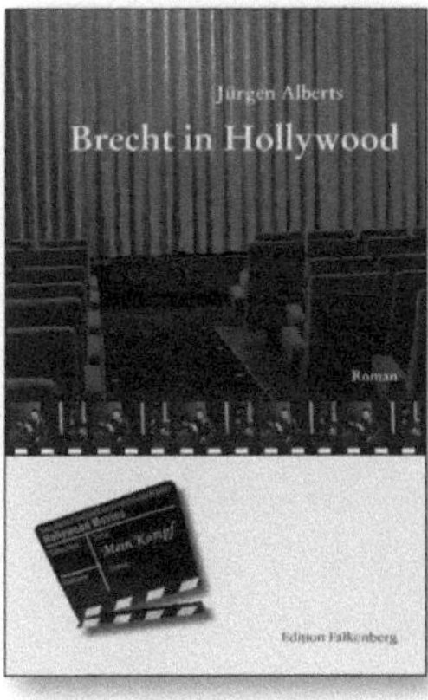

Jürgen Alberts
Brecht in Hollywood
Roman

324 Seiten
Format 14 x 22 cm, Broschur
16,90 Euro
ISBN 978-3-95494-082-0

Toby Martins,Liliane Skalecki (Hg.)
Muse, Mord und Pinselstrich
22 illustrierte Kunstkrimis

176 Seiten
Format 13,5 x 21 cm, Broschur
mit 22 s/w-Illustrationen
12,- Euro
ISBN 978-3-95494-048-6

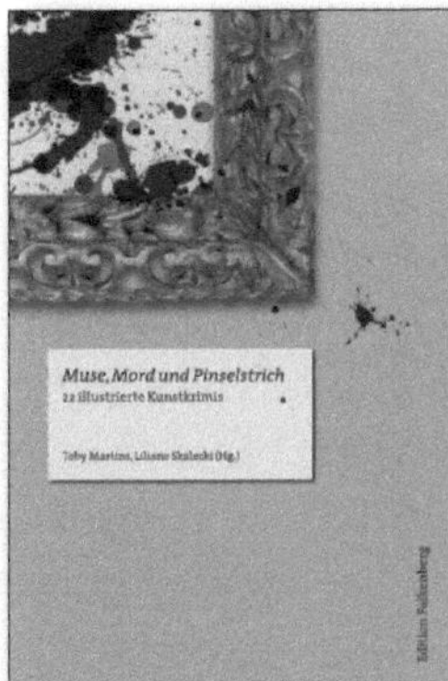

Spannende Abenteuergeschichten von Hans Suckau

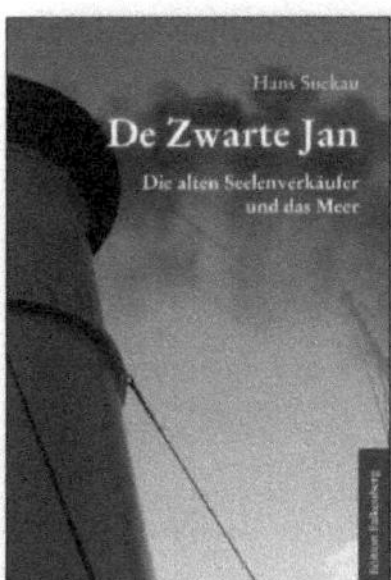

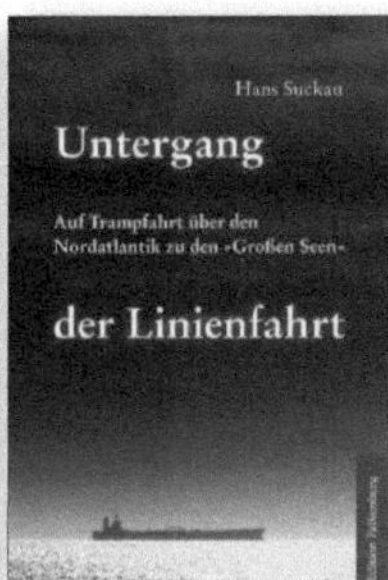

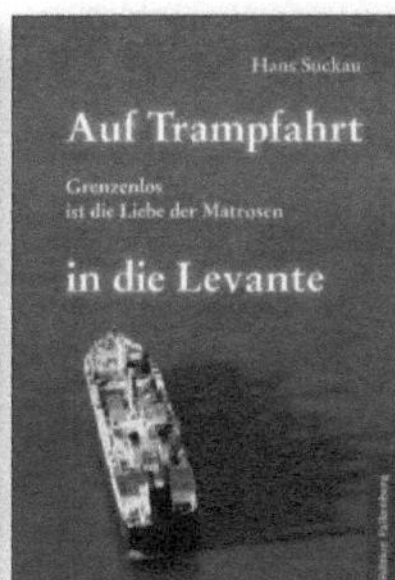

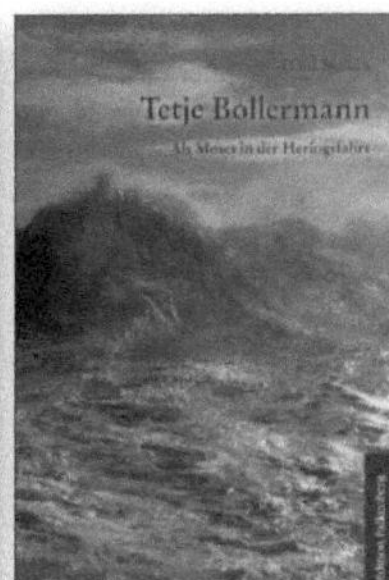

172 Seiten, 14,90 Euro
978-3-95494-087-5

184 Seiten, 14,90 Euro
978-3-95494-085-1

284 Seiten, 16,90 Euro
978-3-95494-086-8

128 Seiten, 12,- Euro
978-3-95494-084-4

Über den Autor

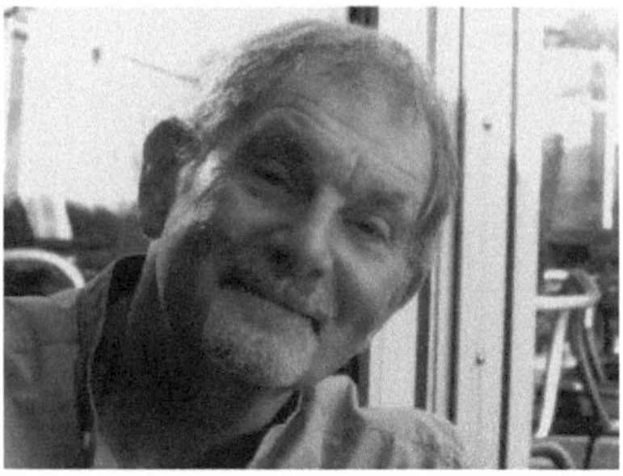

Ian Watson wurde in der Nähe von Belfast, Nordirland geboren und lebt seit 1972 in Bremen. Seit der Studentenzeit veröffentlicht er – neben seinen wissenschaftlichen Arbeiten – Gedichte, Essays und literarische Übersetzungen in britischen, irischen und deutschen Zeitschriften und Anthologien. Er ist der Autor von *Song and Democratic Culture in Britain* (London/New York 1993 neuveröff. 2015) und des Schulbuchs *War and Peace: Voices from the Battlefield* (Stuttgart 1995). Zusammen mit Diethelm Knauf und Jürgen Dragowski hat er den Band *Alive and Kicking: Fußball zwischen England und Deutschland* (Berlin 1994) herausgegeben. 2012 erschien *Kurzpass-Spiel, oder: Ich stehe zu meinem Sitzplatz* (Bremen: Kellner Verlag) und 2013 *Riverbank City – A Bremen Canvas* (Hamburg: Blaupause Books). 2016 erschien der englischsprachige Lyrikband *Granny's Interpreter* bei Salmon Poetry in Irland.

Bei verschiedenen Sendungen von Radio Bremen hat er Gedichte gelesen und zu Features (u.a. über Nordirland, britische und irische Literatur sowie Fußball) beigetragen. 1994 hat er eine einstündige Sendung im »Heimatfunk am Wochenend« über den Schriftsteller Hans Meier geschrieben. 1999 schrieb und drehte er, zusammen mit Marcus Behrens, für arte den Dokumentarfilm *Cool to be Celtic* (62 Min.). Darüber hinaus hat er, zusammen mit Julia Boll und Simon Makhali, die englischsprachige Literaturzeitschrift **new***leaf* herausgegeben, die er 1994 gründete.

Ian Watson ist Mitglied des Bremer Literaturkontors sowie Gründungsmitglied und seit 2007 Vorstandsmitglied des Virtuellen Literaturhauses Bremen. Er war bis 2010 Hochschuldozent für Britische und Irische Literatur und Literarisches Schreiben an der Universität Bremen.